D0294680

LE NEZ

suivi de

PETITE

HISTOIRE DE POUX

De Robert Bellefeuille :

Les Rogers, avec Jean Marc Dalpé et Robert Marinier,
éditions Prise de parole, 1985, 64 p., ISBN 0-920814-81-6

Les Murs de nos villages, Création collective, Théâtre de la
Vieille 17, Orléans (On.), éditions Maison, Centre culturel
La Ste-Famille

*Il a été tiré de cet ouvrage 250 exemplaires, numérotés de 1 à
250, pour les abonné-e-s de la Collection de Ville.*

Robert Bellefeuille et Isabelle Cauchy

LE NEZ

suivi de

Robert Bellefeuille

PETITE
HISTOIRE DE POUX

204/250 *Isabelle Cauchy*

Robert Bellefeuille

Théâtre
Prise de parole
1992

Données de catalogage avant publication (Canada)
Bellefeuille, Robert, 1957-
    Le Nez. Suivi de Petite histoire de poux

ISBN 2-89423-013-3 (broché) ISBN 2-89423-014-1 (relié)

I. Cauchy, Isabelle, 1956- . II. Titre.
III. Titre : Petite histoire de poux.

PS8553.E4577N4 1992   JC842'.54   C91-095744-4
PQ3919.2.B45N4 1992

Distribution au Québec

Diffusion Prologue
1650 boul. Lionel-Bertrand
Boisbriand (PQ) J7H 1N7
514-434-0306

PRISE DE PAROLE

La maison d'édition Prise de parole se veut animatrice des arts littéraires chez les francophones de l'Ontario; elle se met donc au service des créateurs et créatrices littéraires franco-ontariens.

La maison d'édition bénéficie de subventions du Conseil des Arts de l'Ontario, du Conseil des Arts du Canada, du Secrétariat d'État et de la Ville de Sudbury.

Conception de la couverture : 50 Carleton & Associés

Tous droits de traduction, de reproduction et d'adaptation réservés pour tous pays.

Copyright © Ottawa 1992
Éditions Prise de parole
C.P. 550, Succ. B, Sudbury (On) P3E 4R2

ISBN 2-89423-013-3 (broché)
ISBN 2-89423-014-1 (relié)

Robert Bellefeuille et Isabelle Cauchy

LE NEZ

Le Nez a été créée le 5 octobre 1983 à l'école Ste-Trinité de Rockland, dans une production du Théâtre de la Vieille 17. *Le Nez* a effectué six tournées de l'Ontario. En plus *Le Nez* a été jouée au studio du Centre national des Arts (Noël 1983), au festival du Théâtre Jeunes publics (AQJT été 1985) à Montréal, à la Maison Théâtre de Montréal (Noël 1985) et au Théâtre de La Roulotte à Montréal pendant tout l'été 1988.

Le Nez a aussi été produit par le Théâtre Viola Léger en Acadie et a effectué une tournée acadienne pendant tout l'été 1987.

En 1984, *Le Nez* s'est mérité le prix Floyd S. Chalmers, décerné à la meilleure pièce canadienne pour enfants.

Texte   —Robert Bellefeuille et Isabelle Cauchy
Mise en scène   —Robert Bellefeuille assisté de Jacques Lessard
Scénographie   — Luce Pelletier
Musique   — Daniel Cauchy et Louise Beaudoin
Éclairage   — Serge Péladeau

Distributions ontariennes
1e distribution :
Robert Bellefeuille, Michel Marc Bouchard, Isabelle Cauchy, Chantal Lavallée
2e distribution :
Robert Bellefeuille, Josée Beaulieu, Michel Marc Bouchard, Chantal Lavallée
3e distribution :
Michel Marc Bouchard, Guylaine Guérin, Nathalie Hamel-Roy, Benoît Lagrandeur
4e distribution :
Clément Cormier, Guylaine Guérin, Nathalie Hamel-Roy, Benoît Lagrandeur
5e distribution :
Bertrand Alain, Guylaine Guérin, Nathalie Hamel-Roy, Benoît Lagrandeur

Distribution acadienne
Marcia Babineau, Clément Cormier, Isabelle Cyr, Rosaire Haché et Jean François Mallet.

Personnages par ordre d'entrée en scène :
Simone, Yvan le barbier, la femme qui crie, le facteur, le policier, Professeur Nicolas, Madame Marie, une petite fille, Madeleine, une femme et son bébé nez, une femme et son chien nez, un homme nez, une femme, Renée, un camionneur, un jeune garçon, Madame Bégonias, le maître de cérémonie, Nanette Narine, sœur Narine 1, sœur Narine 2, Nana le Nez, médecin 1, médecin 2, médecin 3, Nazaire Sinus.

SCÈNE 1
DANS LA CUISINE CHEZ LE BARBIER YVAN

Dans la cuisine chez le barbier, le matin. Simone entre en chantant tout en préparant le déjeuner d'Yvan.

SIMONE
J'ai un beau petit mari
gentil et sans reproche
qui aime les brioches
un beau petit mari!

Il est encore au lit
je lui fais de petites gâteries
puis je le réveillerai
pour qu'il aille travailler!

Yvan! Yvan le déjeuner est servi! *(Criant.)* C'est prêt Yvan, viens avant que ça refroidisse! Je t'ai préparé de belles petites brioches, comme tu les aimes!

Yvan entre, s'assoit sans dire un mot, grommelle, renifle, tousse.

SIMONE
Mon Dieu que tu as l'air fatigué, tu travailles trop mon Yvan! Je sais pas combien tu peux recevoir de clients dans

7

une journée, mais il y a des jours où je me demande si toute la ville va chez le barbier. Tiens, ta brioche.

YVAN LE BARBIER *prend la brioche, la sent.*
Hum...

SIMONE
Ça m'étonne qu'il n'y ait pas de file devant ton salon. Oh, ça me fait penser qu'il faut que j'aille chez le boucher aujourd'hui. Je suis certaine qu'il va y avoir beaucoup de monde et que je vais encore être obligée d'attendre comme si je n'avais rien d'autre à faire dans ma journée.

Yvan ouvre sa brioche, se prépare à prendre une bouchée, hésite, regarde sa brioche, chipote du bout du doigt, regarde de plus près. Simone s'interrompt, le regarde du coin de l'œil, lui dit :

SIMONE
Qu'est-ce qu'il y a? Ce n'est pas bon?

YVAN LE BARBIER, *grommelant.*
Oui, oui, c'est bon, c'est très bon!

SIMONE
Mon Dieu mon p'tit mari, si en plus tu n'as plus d'appétit, je vais m'inquiéter pour de bon!

YVAN LE BARBIER
Mais non ma Simone, c'est délicieux. C'est délicieux, regarde. *(Il prend une bouchée.)* Ah c'est bon!

Simone reprend son histoire où elle l'avait laissée.

SIMONE
...En tous les cas, qu'est-ce que tu dirais d'un petit rôti de bœuf pour souper demain soir? Il me semble que ça te

ferait du bien. Tu n'as pas l'air fort fort ces temps-ci, peut-être que je devrais te faire une petite ponce ce soir avant que tu te couches.

YVAN LE BARBIER

Une petite ponce...

Pendant ce temps, Yvan grignote le bout de sa brioche et enfin l'ouvre complètement. Surprise, dégoût : il y trouve un nez. Il s'étouffe et remet le tout dans son assiette pendant que Simone se précipite sur lui.

SIMONE, *lui donnant des tapes dans le dos.*
Mais ça ne va pas mon Yvan, tu n'es pas bien?

Yvan fait signe que non et il lui montre la brioche du bout du doigt.

SIMONE

Quoi! Mes brioches ne sont pas bonnes! Tu fais la fine bouche maintenant!

YVAN LE BARBIER

...non, non, un nez! Un nez!

SIMONE

Quoi?

YVAN LE BARBIER

Un nez!

SIMONE

Un nez! Je vais t'en faire un nez moi! Je vais assez te tirer les oreilles que tu n'en auras plus de nez toi!

Yvan est horrifié. Simone prend la brioche et le nez.

SIMONE

Moi qui te fais de petites surprises le matin, qui s'inquiète de ta santé... Mais, qu'est-ce que c'est que ça? *(Regardant de près le nez.)* Un nez! *(Elle crie.)* Un nez dans mes assiettes! Veux-tu bien me dire où est-ce que tu es allé me pêcher ça? Un nez dans ma cuisine! Un nez! Qui a traîné Dieu sait où! Sais-tu d'où ça vient au moins? À qui il appartient? Tu devrais le savoir Monsieur le barbier! À moins que... tu n'aurais pas osé faire ça toujours! Et si la police le trouve, qu'est-ce qu'on va devenir?

YVAN LE BARBIER, *prenant le nez.*

Le jeter, je vais le jeter!

Il prend le nez du bout des doigts et cherche la poubelle.

SIMONE

Non, pas dans ma cuisine!

Elle le poursuit.

YVAN LE BARBIER, *lui lançant le nez.*

Tiens, toi, garde-le.

SIMONE

Non, non!

Elle lui lance le nez.

YVAN LE BARBIER

Non, je vais le couper en petits morceaux!

Il se dirige vers le comptoir.

SIMONE

Jamais! Pas sur mon comptoir!

YVAN LE BARBIER, *lui lançant le nez.*
Je vais le cacher. Oui, oui, le cacher. Dans les fleurs.

SIMONE

Pas dans mes fleurs!

YVAN LE BARBIER

Dans le coucou.

SIMONE

Pas dans le coucou!

YVAN LE BARBIER

Dans la farine.

SIMONE

Pas dans ma farine!

YVAN LE BARBIER

Dans le ketchup peut-être?

Yvan lance le nez à Simone.

SIMONE

Yvan t'es fou.

Simone et Yvan se lancent le nez, tout en courant. Simone s'arrête brusquement et prend le nez du bout des doigts.

SIMONE

Yvan, prends ton nez et va-t'en! Je ne veux pas te revoir ici avant que tu te sois débarrassé de ce nez-là. Vas-y et ne me raconte pas d'histoire en revenant.

Yvan prend le nez et sort.

SCÈNE 2
DANS LA VILLE, PRÈS D'UNE RIVIÈRE

Yvan le barbier marche dans la rue, très tôt le matin. Il s'arrête, examine le nez, regarde alentour et tranquillement le dépose sur le trottoir. Il s'éloigne un peu, s'arrête, regarde le nez, s'avance vers lui. On entend quelqu'un venir. Yvan se cache. Une dame passe, voit quelque chose par terre, se penche pour ramasser l'objet, et réalise que c'est un nez. Elle se met à crier et sort en courant. Le barbier sort de sa cachette, prend le nez et se met à courir. Tout essoufflé il s'arrête, sort son mouchoir, prend le nez et l'enveloppe. Il marche tranquillement, regarde alentour, laisse tomber le paquet.

FACTEUR

Bonjour Monsieur le barbier!

YVAN LE BARBIER

Bonjour Monsieur le facteur!

FACTEUR

Je vous dit qu'il fait chaud aujourd'hui!

YVAN LE BARBIER

Très!

FACTEUR

Est-ce que vous pourriez me couper les cheveux vers midi?

YVAN LE BARBIER

Oui, oui. Les cheveux.

FACTEUR

...et me tailler la moustache? Ça me chatouille le nez. À ce midi.

YVAN LE BARBIER

Oui, oui, à ce midi...

Le barbier regarde son paquet et soupire. De derrière on entend...

FEMME

Je vous le dit, Monsieur le policier, j'ai vu un nez par terre!

POLICIER

On va aller voir ça!

FEMME

C'est juste au coin ici!

Le barbier panique. Il ramasse le paquet et se met à courir. Il sort. La dame et le policier entrent.

FEMME

Tenez, regardez, il est juste là.

Elle pointe du doigt, le policier s'avance, il n'y a rien.

POLICIER

Il n'y a pas de nez là Madame.

FEMME

Je vous le dit, il y a un nez, là!

POLICIER

Il était quelle heure quand vous l'avez vu?

FEMME

Tantôt.

POLICIER

Comment était-il vêtu?

FEMME

Voyons!

POLICIER

Vous a-t-il adressé la parole?

FEMME

Voyons!

POLICIER

Était-il seul?

FEMME

Écoutez Monsieur le policier, j'ai vu un nez, là. *(Elle s'avance et s'aperçoit qu'il n'y a plus rien.)* Ah! Quelqu'un l'a pris.

POLICIER

Quelle sorte de nez? rond? pointu? aplati? crochu? Avait-il une verrue sur le bout? Se mouchait-il? Était-il enrhumé?

FEMME

Je ne le sais pas, c'était un nez... par terre.

POLICIER

Par terre, par terre, nez par terre, je n'ai pas ça dans mes papiers. Ils vont peut-être le rapporter au poste.

FEMME

Ou encore à l'hôpital.

POLICIER

Merci beaucoup de nous avoir averti.

FEMME

De rien.

Elle sort. Le policier se met à renifler.

POLICIER

Ça sent le nez, c'est louche...

Il sort en reniflant. Le barbier entre en courant, on entend la rivière couler. Il s'avance vers la rivière, regarde alentour, fait semblant d'y jeter le nez et se cache. Il se lève, voit qu'il n'y a personne, sourit, prend le nez et le jette dans la rivière. Il s'éloigne en souriant. Un policier apparaît en regardant le barbier.

POLICIER

Tss, tss, tss, tss, tss...

Le barbier fige, il se retourne. Le policier a le nez dans un filet de pêche.

POLICIER

Venez avec moi, s'il vous plaît...

YVAN LE BARBIER

Pourquoi? Je n'ai rien fait!

POLICIER

Oui, oui, vous avez jeté ceci dans la rivière.

YVAN LE BARBIER

Non, non, ce n'est pas moi!

POLICIER

Oui, c'est vous, venez!

Ils sortent.

SCÈNE 3
DANS LA CHAMBRE DU PROFESSEUR

Le professeur dort. Le réveil sonne. Le professeur s'étire, se lève, bâille, se donne des petites tapes sur les joues, vient pour éternuer, se gratte les joues, se gargarise, se rend au miroir, se regarde. Il fige, se regarde de nouveau, se secoue la tête, se touche.

PROFESSEUR NICOLAS
Mon nez, mon nez! *(Il se frotte les yeux.)* Mais voyons! *(Il se donne des tapes dans le visage, se frotte les yeux.)* Ce n'est pas possible! Je n'ai plus de nez? Voyons! *(Il secoue la tête et bâille.)* Ah! c'est ça, je rêve, je fais un cauchemar. *(Il se met à rire.)* Ah! j'ai hâte de me réveiller. Ah! oui, je dors! Ah! qu'on est bien, quand on dort. *(Temps.)* Je ne dors pas! Mais qu'est-ce qui se passe? *(Le professeur se pince, se regarde de nouveau dans le miroir.)* Je n'ai plus de nez! Mais ça ne se peut pas! *(Il se cache dans son lit et il crie.)* Mon nez! Où est mon nez? Qui est-ce qui m'a volé mon nez? Qui est-ce qui est venu me couper le nez? *(En se sortant la tête des couvertures.)* C'est ça! Quelqu'un est venu me couper le nez! *(Il se relève et va se voir dans le miroir.)* Mais non, on ne m'a pas coupé le nez! Mais il n'est plus là, il est tombé, il s'est décollé, c'est ça. Nez, nez, nez où es-tu? You hou! Reviens vite! You hou! *(Il se met à chercher partout dans sa chambre.)* Mais qu'est-ce que je

vais faire? Je n'ai plus de nez! Ah! j'étouffe. *(Il commence à respirer par la bouche.)* Mon nez, il faut que je trouve mon nez! Vite, vite! You hou! Nez!

Le professeur sort.

SCÈNE 4
DANS LA RUE

Le professeur Nicolas entre en se cachant le visage avec un mouchoir. Il regarde alentour. Une dame entre.

MADAME MARIE

Ah! mais c'est le professeur Nicolas! Je fais justement les courses pour notre petit souper de ce soir. J'espère que vous aimez le *baloney*! Je le fais cuire avec de l'ail, et ça sent tellement bon.

PROFESSEUR NICOLAS

Un souper, ce soir?

MADAME MARIE

Oui, oui, je vous attends vers 7 h.

PROFESSEUR NICOLAS

Mais je ne peux pas!

MADAME MARIE

Comment ça?

PROFESSEUR NICOLAS

Je suis malade.

MADAME MARIE

Vous avez le rhume? Ce n'est pas grave, l'ail c'est très bon contre le rhume!

PROFESSEUR NICOLAS

Non, non! C'est que j'ai mal aux dents, je ne peux presque pas parler! J'ai un rendez-vous chez le dentiste, donc je ne pourrai pas aller chez vous. Peut-être la semaine prochaine?

MADAME MARIE

D'accord, jeudi prochain?

PROFESSEUR NICOLAS

Oui, à jeudi!

Tandis que la dame sort, une jeune élève entre.

FILLE

Monsieur Nicolas, bonjour!

PROFESSEUR NICOLAS

Bonjour!

FILLE

Je vous ai cherché partout à l'école, dans la bibliothèque, même chez vous! Je suis tellement contente de vous voir, j'ai une faveur à vous demander.

PROFESSEUR NICOLAS

Ah oui!

FILLE

C'est que, hier on a eu de la visite, et j'ai... je n'ai pas eu le temps de finir mon travail de grammaire. Est-ce que je peux le remettre seulement demain matin?

PROFESSEUR NICOLAS
Pas de problème.

FILLE
Pas de problème! Ah, merci Monsieur Nicolas. *(Elle s'approche en le regardant.)* Est-ce que vous vous êtes fait mal au nez Monsieur Nicolas?

PROFESSEUR NICOLAS, *se cachant le nez encore plus.*
Oui, oui, je me suis cogné le nez contre un poteau. Allez vite, vite! Va faire ton travail!

FILLE
Oui. Bonne journée.

Elle sort. Madeleine entre et elle porte une robe avec des motifs de nez. Le professeur la regarde avec étonnement.

MADELEINE
Bonjour Monsieur le professeur, vous vous promenez tôt aujourd'hui! Belle journée n'est-ce pas!

PROFESSEUR NICOLAS
Oui! Oui!

MADELEINE
Mais mon Dieu, qu'est-ce que vous avez?

PROFESSEUR NICOLAS
Quoi?

MADELEINE
Mais vous parlez tout enroué!

PROFESSEUR NICOLAS
Ah, ça? C'est à cause de mon rhume. *(Il tousse.)* La fièvre des foins... *(Il éternue.)* ...je l'attrape à tous les ans.

MADELEINE

Moi quand j'attrape la fièvre, j'étouffe, le nez me bloque, j'éternue tout le temps et j'ai toujours le nez irrité. La meilleure chose pour votre rhume c'est des aspirines et du jus de citron chaud. Vous allez voir, ça va vous guérir très vite.

PROFESSEUR NICOLAS

Ah oui?

MADELEINE

Bonne journée, et soignez vous bien.

PROFESSEUR NICOLAS

Merci!

Une femme nez entre et elle promène son bébé nez. Le bébé se met à pleurer.

UNE FEMME

Pauvre petit bébé à maman.

PROFESSEUR NICOLAS

Un nouveau-né?

La femme et le bébé sortent tandis qu'une dame entre en promenant son chien nez. Le chien se met à japper.

UNE AUTRE FEMME

Silence, Néné.

PROFESSEUR NICOLAS

Un chien nez! Mais ce n'est pas possible!

La femme sort. Un homme nez passe.

Un Homme nez

Bonjour Monsieur le professeur, vous vous promenez tôt ce matin. On va avoir une belle journée, n'est-ce pas?

Professeur Nicolas

Un homme nez! Mais qu'est-ce qui m'arrive? Je vois des nez partout!

L'homme nez, la femme et son bébé nez et la dame avec son chien nez entrent en chantant.

CHANSON DES PASSANTS

Les passants

> Qu'a donc monsieur le professeur aujourd'hui?
> Qu'a-t-il? On dirait qu'il a des ennuis
> Il a peur, il nous fuit, un malheur dans sa vie

Professeur Nicolas

> Oui j'ai peur, oui je fuis
> Un malheur dans ma vie

Les passants

> On dirait qu'il est fou
> Il voit des nez partout
>
> Qu'a donc monsieur le professeur aujourd'hui?
> Qu'a-t-il? On dirait qu'il a des ennuis, il a peur

Professeur Nicolas

> Oui j'ai peur

Les passants

> Il nous fuit

PROFESSEUR NICOLAS
Oui je fuis

LES PASSANTS
Un malheur

PROFESSEUR NICOLAS
Un malheur

LES PASSANTS
Dans sa vie

PROFESSEUR NICOLAS
Dans ma vie

LES PASSANTS
Qu'a donc, qu'a donc, qu'a donc
Monsieur le professeur aujourd'hui?

PROFESSEUR NICOLAS
Il faut que je retrouve mon nez!

Le professeur sort.

SCÈNE 5
AU POSTE DE POLICE

Le barbier Yvan est assis, menottes aux mains, les pieds attachés. Il porte un habit de prisonnier. Le policier fait les cent pas.

POLICIER

Il faut que vous nous le disiez.

YVAN LE BARBIER

Je vous le dit, je n'ai rien fait!

POLICIER

À qui avez-vous coupé le nez?

YVAN LE BARBIER

Je n'ai coupé le nez de personne!

POLICIER

Arrêtez de mentir, nous avons ramassé un nez que vous aviez jeté dans la rivière. À qui appartient ce nez?

YVAN LE BARBIER

Je ne le sais pas.

POLICIER

À qui avez-vous coupé le nez?

YVAN LE BARBIER

Je vous le dit, je n'ai coupé le nez de personne.

POLICIER

Alors, qu'est-ce que vous avez fait avec le corps?

YVAN LE BARBIER

Le quoi?

POLICIER

Le corps.

YVAN LE BARBIER

Je vous le redit, je n'ai rien fait.

POLICIER

Écoutez, je commence à perdre patience. On a trouvé un nez. Ce nez appartient à quelqu'un. Jusqu'à maintenant, personne ne s'est présenté à l'hôpital sans nez et personne n'est venu réclamer un nez. Alors c'est que cette personne est soit partie de la ville, soit assommée quelque part, peut-être même au fond de la rivière. Alors dites-moi, qu'est-ce que vous avez fait avec le corps?

YVAN LE BARBIER

Je n'ai rien fait!

POLICIER

Pourquoi lui avez-vous coupé le nez?

YVAN LE BARBIER

Je n'ai coupé le nez de personne!

POLICIER

Oui, vous avez coupé le nez de quelqu'un!

YVAN LE BARBIER

Non.

On entend crier dehors.

FEMME

Au secours! Au secours! Police! Police! Ayoye, ayoye! *(Elle entre.)* Vite aidez-moi, j'ai été attaquée par un fou!

POLICIER

Où ça?

FEMME

Juste ici au coin! Vite!

POLICIER

Mais qu'est-ce qui s'est passé?

FEMME

Je marchais tranquillement quand soudain, derrière moi, j'entends respirer très fort. *(Elle imite la respiration.)* Et de plus en plus ça s'approche. Je me retourne, et derrière moi, un homme sans nez, avec une grosse voix, des grosses mains, s'est lancé sur moi, et il m'a empoigné le nez!

POLICIER

Il vous a poignardée!

FEMME

Il m'a poignardée! *(Elle crie.)* Où ça? Mais non!

POLICIER

Mais quoi? C'est vous qui dites qu'il vous a poignardée!

FEMME

Il m'a empoigné le nez!

POLICIER

Quoi?

FEMME

Il a essayé de m'arracher le nez!

POLICIER

Et l'homme qui vous a attaquée, il n'avait pas de nez?

FEMME

Oui, il n'avait pas de nez!

POLICIER, *au barbier.*

Ah ah! vous ne l'avez pas tué!

FEMME

Mais dépêchez-vous! Allez l'attraper. Il va peut-être attaquer quelqu'un d'autre. Vite, venez!

Elle sort.

POLICIER

Vous, on n'a pas fini avec vous!

YVAN LE BARBIER

Je vous l'ai dit que je n'avais tué personne.

On entend crier dehors.

FEMME

Ah ah! Il est là! Là-bas!

La police sort. Sifflet de police.

POLICIER, *hors scène.*
Au nom de la loi je vous ordonne de vous livrer!

On entend crier la femme et le policier. Ils entrent dans le poste de police et vont se cacher à l'arrière. Le barbier se lève en sautant.

YVAN LE BARBIER, *en se sauvant.*
Attendez-moi, attendez-moi!

SCÈNE 6
CHEZ LA RÉCEPTIONNISTE D'UN JOURNAL

Bureau de réception d'un grand journal. Le professeur entre en trombe. Il se cache le visage avec un mouchoir.

PROFESSEUR NICOLAS
Je cherche le bureau des annonces.

RENÉE
C'est au deuxième étage.

PROFESSEUR NICOLAS
Merci.

RENÉE
Mais c'est fermé aujourd'hui.

PROFESSEUR NICOLAS
Fermé? Ah non, il faut absolument que j'aille y porter une annonce. C'est très important.

RENÉE
C'est fermé, Monsieur.

PROFESSEUR NICOLAS
C'est une question de vie ou de mort!

RENÉE

Il va falloir que vous attendiez jusqu'à demain.

PROFESSEUR NICOLAS

Je ne peux pas Madame.

RENÉE

Mademoiselle.

PROFESSEUR NICOLAS

Mademoiselle, vous ne pouvez pas m'aider?

RENÉE

Non.

PROFESSEUR NICOLAS

C'est que j'ai perdu quelque chose de très important!

RENÉE

Je ne peux rien faire.

PROFESSEUR NICOLAS

C'est que j'ai perdu... j'ai perdu... mon nez!

RENÉE

Perdu votre nez. Ah bon... il était de quelle couleur?

PROFESSEUR NICOLAS

Quelle couleur? Écoutez, je n'ai plus de nez.

RENÉE

Et ce nez, il est de quelle race?

PROFESSEUR NICOLAS

Quelle race! Mais écoutez, regardez-moi, je n'ai plus de nez!

Il enlève son mouchoir.

RENÉE
Ah! Ah! Mon Dieu vous n'avez plus de...

PROFESSEUR NICOLAS
Plus de nez, c'est ce que je vous disais.

Il remet son mouchoir devant son visage.

RENÉE
Plus de... Ooh... ooh... Vous avez eu un accident?

PROFESSEUR NICOLAS
Non.

RENÉE
On vous a coupé le...

PROFESSEUR NICOLAS
Non.

RENÉE
Mais où il est votre...

PROFESSEUR NICOLAS
Mon nez, je ne le sais pas, il est disparu.

RENÉE
Disparu!

PROFESSEUR NICOLAS
Oui, c'est pour ça que je veux mettre une annonce.

RENÉE
Que vous devez être malheureux!

PROFESSEUR NICOLAS

L'homme le plus malheureux du monde. C'est épouvantable de vivre sans nez!

Renée regarde le professeur, tout attendrie, elle lui sourit. Le professeur s'avance près d'elle.

PROFESSEUR NICOLAS

Regardez. *(Le professeur enlève son mouchoir. Renée sourit.)* Vous n'avez pas peur?

RENÉE

Non!

PROFESSEUR NICOLAS

Vous, vous avez un beau petit nez!

RENÉE

Vous trouvez?

PROFESSEUR NICOLAS

Oui! Il est très beau. Je peux le toucher?

RENÉE

Oui, oui...

PROFESSEUR NICOLAS

C'est doux!

RENÉE

Merci. Vous savez, Monsieur le professeur, si vous me donnez votre annonce tout de suite, je peux peut-être les convaincre de la passer aujourd'hui.

PROFESSEUR NICOLAS

Vous feriez ça pour moi?

Certainement.

PROFESSEUR NICOLAS
Tenez, merci beaucoup Mademoiselle...

RENÉE
Renée.

PROFESSEUR NICOLAS
Renée, c'est joli!

RENÉE
Vous savez, Monsieur le professeur, au magasin du coin, ils vendent des faux nez, de toutes les grosseurs. Pour l'instant, vous pourriez peut-être vous en acheter un. On dirait de vrais nez!

PROFESSEUR NICOLAS
Peut-être... Merci. Bonjour!

RENÉE, *en sortant.*
Bonne journée, et bon courage.

SCÈNE 7
DANS LA RUE

Le professeur entre, tout en regardant le journal.

PROFESSEUR NICOLAS
Mon annonce! Merci. *(Il embrasse le journal.)* Merci Renée.

Une série de personnages, dont on verra seulement la tête, apparaîtront et disparaîtront très rapidement.

CAMIONNEUR
Monsieur le professeur?

PROFESSEUR NICOLAS
Oui.

CAMIONNEUR
J'ai lu votre annonce dans le journal, et votre nez, je l'ai vu!

PROFESSEUR NICOLAS
Ah oui?

CAMIONNEUR
Il s'est sauvé du poste de police et j'ai failli l'écraser avec mon camion!

PROFESSEUR NICOLAS
Pas possible...

Le camionneur disparaît. Un jeune garçon apparaît.

JEUNE GARÇON
Oui, et mon chien Néné s'est mis à courir après votre nez, et votre nez a eu tellement peur qu'il a sauté par-dessus une grande clôture.

PROFESSEUR NICOLAS
Mon nez a sauté une clôture!

Le jeune garçon disparaît tout comme Madame Bégonias apparaît.

MADAME BÉGONIAS
Oui, ma clôture! J'arrosais mes bégonias et qu'est-ce que je vois sauter ma clôture? Un nez! Alors je me suis mise à crier et votre nez s'est sauvé.

PROFESSEUR NICOLAS
Où?

MADAME BÉGONIAS
Au cabaret!

PROFESSEUR NICOLAS
Au cabaret?

MADAME BÉGONIAS
Oui, je l'ai vu entrer au cabaret!

Elle disparaît.

PROFESSEUR NICOLAS, *en sortant.*
Mon nez au cabaret!

SCÈNE 8
AU CABARET

Musique. Des tables où sont assis plusieurs nez qui sirotent de petits verres. Le professeur entre, salue les nez et s'assoit.

MAÎTRE DE CÉRÉMONIE
Et maintenant, Mesdames et Messieurs, les sœurs Narine!

Le professeur applaudit tout comme un trio de nez entre.

(Chanson) LES SŒURS NARINE

NANETTE   Depuis le jour où je suis née
J'ai passé ma vie à me moucher
J'avais toujours la goutte au nez
Atchoum, atchoum, atchoum!

Toujours tannée de renifler
Toutes ces odeurs pour m'attaquer
J'ai enfin trouvé la liberté
Je suis un...

EN TRIO   Nez, nez, nez, nez, nez, nez,
Je suis un nez, nez, nez, nez.

NANETTE	Un jour je me suis promenée
	J'avais le goût de chantonner
	J'ai fait du show, de la tournée
	Je suis la découverte de l'année

EN TRIO   Nez, nez, nez, nez, nez, nez,
Je suis un nez, nez, nez, nez.

NANETTE   Je suis un nez émancipé
J'ai les narines qui veulent crier
Je suis en pleine envolée
Je suis un nez qui va *swinger*

EN TRIO   Je suis un nez, nez, nez, nez

NANETTE   Je suis un nez!

Sortie des deux autres sœurs narines sur le dernier couplet. Nanette salue de nouveau. Le professeur applaudit, s'arrête, regarde Nanette.

PROFESSEUR NICOLAS

Pardon Mademoiselle...

NANETTE, *croyant que c'est un admirateur.*

Oui!

PROFESSEUR NICOLAS

Ah! mais c'est toi, mon nez, enfin je t'ai retrouvé! Je suis tellement content de te voir! Je t'ai cherché partout en ville, je pensais qu'on t'avait kidnappé. Viens, ta place t'attend, saute entre mes joues!

NANETTE

Jamais!

PROFESSEUR NICOLAS
Comment, jamais? Tu es mon nez et tu t'en viens avec moi!

NANETTE
Je ne suis plus ton nez! Je suis un nez. Depuis que je ne suis plus accrochée à toi, je respire mieux.

PROFESSEUR NICOLAS
Et moi, depuis que tu es partie, j'étouffe!

NANETTE
Tu n'as jamais fait attention à moi, c'est seulement depuis que je suis partie que je te manque. Avant tu me cognais partout! J'éternuais tout le temps à cause de tes gros cigares. L'été, tu me laissais brûler, l'hiver tu me laissais geler. Tu n'as jamais rien fait pour me protéger. Maintenant, c'est trop tard!

Elle veut partir, il la retient par le bras.

PROFESSEUR NICOLAS, *en chantant.*
Sans toi je ne dors plus
Sans toi je ne mange pas
Sans toi je suis perdu

NANETTE, *touchée.*
Non, je ne peux pas.

PROFESSEUR NICOLAS
Tu ne peux pas! Dis plutôt que tu ne veux pas!

NANETTE
Tu as raison, je ne veux pas. Je suis bien ici, ici on m'aime!

PROFESSEUR NICOLAS
Mais je t'aime moi!

NANETTE

Ça ne se voyait pas trop trop. Même pas de petites attentions délicates de temps à autre. Un peu de poudre, des petits *kleenex* de couleur...

PROFESSEUR NICOLAS

Voyons donc, c'est quoi ces niaiseries-là, des petits *kleenex* de couleur? Je me mouche dans des mouchoirs, moi, je suis un homme!

NANETTE

Et moi, qu'est-ce que je suis?

PROFESSEUR NICOLAS

Un nez! Rien qu'un nez!

NANETTE

Rien qu'un nez! Eh bien trouves-en un autre pour voir!

PROFESSEUR NICOLAS

Je n'en veux pas d'autre, c'est toi que je veux!

NANETTE

C'est trop tard!

PROFESSEUR NICOLAS

Pourquoi?

NANETTE

Parce que...

Voix, *hors scène.*

Nanette?

NANETTE

J'arrive!

PROFESSEUR NICOLAS

Nanette?

NANETTE

Oui, Nanette Narine, c'est mon nom d'artiste!

Elle sort.

PROFESSEUR NICOLAS

Nanette Narine?

MAÎTRE DE CÉRÉMONIE

Et maintenant, Mesdames et Messieurs, directement de Narinezona... la divine Nana!

Le nez Nana vêtu d'un costume de cowgirl entre en chantant.

NANA Mon chéri quand tu viendras avec ton cheval
Me chercher pour galoper dans le pré
Nous allons nous aimer pour l'éternité
Toi et moi, moi et toi, et le cheval
La, la, la, la

Pendant que Nana chantonne, le policier à peine déguisé derrière un boa entre avec une série de portraits de «Nez recherchés» tandis que Nana, voulant prévenir Nanette, continue sur l'air de la chanson.

NANA La, la, la, la, la police
Nanette sauve-toi!
Nanette! La police!
Mais veux-tu bien te sauver!

Elle sort. Nanette entre, mallette en main, regarde alentour et se sauve. Le policier reconnaît Nanette et il la poursuit.

41

SCÈNE 9
DANS LE SALON DU PROFESSEUR NICOLAS

Le professeur est assis. Il sort un sac et un petit miroir. Tout doucement, il sort du sac un faux nez et l'essaye.

PROFESSEUR NICOLAS

Non, non, non! *(On entend cogner. Le professeur enlève le faux nez et cache le sac.)* Allez-vous-en, je ne veux voir personne!

POLICIER

Monsieur le professeur.

PROFESSEUR NICOLAS

Allez-vous-en, j'ai dit!

POLICIER

Monsieur le professeur, c'est la police, on a retrouvé votre nez.

PROFESSEUR NICOLAS

Quoi?

Il se précipite vers la porte et l'ouvre. Le policier entre avec la mallette de Nanette et sur cette mallette repose... un nez.

POLICIER

Tenez, il essayait de sortir de la ville, et on l'a attrapé.

PROFESSEUR NICOLAS

Mon nez! Merci. Ah! que je suis content de te voir. *(Il l'embrasse.)* J'ai enfin mon nez.

POLICIER

Bon, je vous laisse avec votre nez. Faites-y attention, gardez-le à l'œil. Si jamais il y a des problèmes, n'hésitez pas à nous téléphoner.

PROFESSEUR NICOLAS

Merci, merci beaucoup Monsieur le policier! Vous m'avez sauvé la vie!

POLICIER

De rien, bonsoir!

PROFESSEUR NICOLAS

Bonsoir! Et merci beaucoup, beaucoup, beaucoup!

Le policier sort.

SCÈNE 10
DANS LE SALON DU PROFESSEUR NICOLAS

Le professeur est fou de joie. Il saute avec son nez, l'embrasse, le tâte, le dépose sur un petit coussin et lui parle.

PROFESSEUR NICOLAS

Je suis content de te revoir. Je ne pouvais plus vivre sans toi. Je vais faire attention à toi, je te le promets. Je ne te cognerai plus, je ne fumerai plus de cigares, l'été je vais te mettre de la crème et l'hiver je vais te couvrir avec un gros foulard de laine. Et tiens, je t'ai acheté de beaux petits *kleenex* de couleur, ils sont doux doux... On va être heureux ensemble! *(Le professeur se lève, prend un miroir et dépose son nez entre ses deux joues. Il se regarde et sourit.)* Que ça fait du bien! *(Le nez tombe, il reprend le nez, le replace. Le nez tombe à nouveau.)* Voyons... *(Il replace le nez, le nez tombe à nouveau.)* Qu'est-ce que je vais faire, j'ai besoin d'un...

LES MÉDECINS *entrent en chantant.*
D'un médecin
Deux médecins
Trois médecins
On est là

On est là
Paniquez pas
Paniquez pas
On est là pour arranger ça
La médecine on connaît ça

Les trois médecins entourent le professeur. Pendant toute la scène ils vont sortir des instruments pour l'opération, le tout en chantant.

MÉDECIN 1	Un petit nez de décollé Pas de problèmes
MÉDECINS 2 ET 3	Pas de problèmes
MÉDECIN 1	De la colle Lepage s'il vous plaît
MÉDECINS 2 ET 3	Et un, et deux, et trois Ça ne fonctionne pas
MÉDECIN 1	Ruban gommé s'il vous plaît
MÉDECINS 2 ET 3	Et un et deux et trois Ça ne fonctionne pas
MÉDECIN 1	Du fil et des aiguilles
MÉDECIN 2	Du fil
MÉDECIN 3	Et des aiguilles
MÉDECIN 1	Et un et deux et trois
LES TROIS MÉDECINS	Ça ne fonctionne pas
MÉDECIN 1	De la grosse corde
MÉDECINS 2 ET 3	Ça ne fonctionne pas
MÉDECIN 1	Un marteau et des clous

MÉDECINS 2 ET 3	Un marteau et des clous Et un et deux et trois Ça ne fonctionne pas
MÉDECIN 1	Des vis
MÉDECINS 2 ET 3	Des vis et un tournevis Et un et deux et ooh... Ça ne fonctionne pas
MÉDECIN 1	De la Crazy Glue
MÉDECINS 2 ET 3	Ooh... ooh De la Crazy Glue et ooh et ooh Et ça fonctionne
MÉDECIN 1	Ça fonctionne

Les médecins s'éloignent du professeur. Il a le visage plein de bandages. Les médecins sortent en chantant.

LES TROIS MÉDECINS	S'il y a de quoi N'hésitez pas La médecine on connaît ça On est là pour vous servir On est là pour votre plaisir S'il y a de quoi N'hésitez pas La médecine On connaît ça

Le professeur se lève, un peu fatigué, se regarde dans le miroir, se tâte un peu. Il revient s'asseoir, touche son nez de nouveau. Du bout des doigts il se donne un petit bec sur le nez. Le professeur se regarde de nouveau, et ouvre la radio.

ANNONCEUR NAZAIRE SINUS, *hors scène.*
Bonjour, Mesdames et Messieurs, ici Nazaire Sinus pour les nouvelles de la journée. Comme on le sait, les

médecins viennent tout juste de quitter le professeur Nicolas et l'opération de son nez semble avoir été un succès. Cependant, les médecins ne sont pas certains que son nez va rester collé. Dans un autre ordre d'idée...

PROFESSEUR NICOLAS, *fermant brusquement la radio.*
Quoi? Pas certains que mon nez va rester collé!

Il enlève son bandage, le nez tombe.

SCÈNE 11
DANS LE SALON DU PROFESSEUR NICOLAS

On entend frapper.

PROFESSEUR NICOLAS
Allez-vous-en, je ne veux voir personne.

RENÉE, *hors scène.*
C'est moi, Renée.

PROFESSEUR NICOLAS
Renée?

Le professeur ouvre la porte.

RENÉE
J'ai su qu'on vous avait rapporté votre nez.

PROFESSEUR NICOLAS
Oui, mais il ne tient pas.

RENÉE
Les médecins...

PROFESSEUR NICOLAS
Les médecins ont tout essayé. Il n'y a plus rien à faire.

Silence.

RENÉE

Ce n'est pas si grave que ça.

PROFESSEUR NICOLAS, *d'un ton agressif.*

Vous pouvez bien parler vous, vous l'avez votre nez... Ah!
pardon!

RENÉE

Moi je vous aime bien même si vous n'avez plus de nez.

PROFESSEUR NICOLAS

Ah oui?

RENÉE

Oui, même que moi, je ne me rends même plus compte que
vous n'avez plus de nez.

PROFESSEUR NICOLAS

Ah oui?

RENÉE

Vous êtes gentil comme vous êtes!

PROFESSEUR NICOLAS

Ah oui?

RENÉE

Même que ce n'est pas laid du tout.

PROFESSEUR NICOLAS

Ah oui?

RENÉE

Est-ce que je peux toucher?

PROFESSEUR NICOLAS, *hésitant.*

Oui, oui.

Renée s'approche tout doucement et elle touche le plat entre les deux joues du professeur.

RENÉE

C'est doux!

PROFESSEUR NICOLAS, *en riant.*

Ça chatouille un peu!

RENÉE

Il faut que je parte. Bonne nuit.

PROFESSEUR NICOLAS

Bonne nuit. On se voit...

RENÉE

Demain soir, si vous voulez.

PROFESSEUR NICOLAS

Oui, oui, demain soir!

SCÈNE 12
DANS LA RUE

Simone entre. Elle tire Yvan par le bras.

YVAN LE BARBIER

Il ne croira jamais que ce n'est pas moi qui ai volé son nez.

SIMONE

Yvan!

YVAN LE BARBIER

D'ailleurs, il ne doit pas être là.

SIMONE

Il est trop déprimé pour sortir et en plus, c'est l'heure du souper!

YVAN LE BARBIER

Et c'est une très bonne raison pour ne pas y aller. On ne dérange pas les gens à l'heure du souper.

Il veut partir.

SIMONE, *le retenant.*

Yvan!

YVAN LE BARBIER

J'ai peur!

SIMONE, *lui tendant un billet qu'elle a préparé.*
Tiens!

YVAN LE BARBIER *le regarde et hésite.*
D'accord.

SIMONE, *le traînant vers la sortie.*
Viens!

Ils sortent rapidement.

SCÈNE 13
DANS LE SALON DU PROFESSEUR NICOLAS

Le professeur, qui se prépare à recevoir Renée, fait son entrée. Passant devant un miroir, il se rend compte que son nez est revenu à sa place.

PROFESSEUR NICOLAS
Mon nez, mon nez! Ce n'est pas possible! Et en plus il tient!

On entend frapper à la porte.

SIMONE, *hors scène.*
Frappe plus fort mon Yvan.

PROFESSEUR NICOLAS
Mon nez, il est revenu, il est solide. Ah!

Yvan, qui semble avoir été poussé violemment, entre en catastrophe. Sans regarder le professeur, il lit le billet préparé par Simone.

YVAN LE BARBIER
Cher professeur Nicolas, j'aimerais vous dire que je suis très désolé pour tout ce qui vous est arrivé. Et j'espère que vous ne croyez pas que tout cela est de ma faute. Et...

Levant la tête, il s'aperçoit que le professeur a son nez. Simone, cachée derrière la porte, souffle à Yvan la suite de son texte.

SIMONE
... et j'espère que vous reviendrez vous faire raser chez moi...

Le professeur montre à Yvan qu'il a son nez.

YVAN LE BARBIER
Votre nez!

PROFESSEUR NICOLAS
Oui!

SIMONE, *soufflant de derrière la porte.*
... je tiens à vous dire...

YVAN LE BARBIER
Il tient?

PROFESSEUR NICOLAS
Oui.

SIMONE, *soufflant toujours.*
... je respire à l'idée que...

YVAN LE BARBIER
Ah, je respire.

PROFESSEUR NICOLAS
Mon nez est revenu.

YVAN LE BARBIER
Simone! Simone!

Simone entre comme une furie, sac au poing pour défendre Yvan qu'elle croit en danger.

SIMONE

N'aie pas peur Yvan, je suis là.

Yvan s'interpose entre Simone et le professeur Nicolas.

YVAN LE BARBIER

Non, non Simone. *(En chantant.)* Il a son nez.

SIMONE, *surprise et ravie.*

Il a son nez.

Entrée de Renée.

RENÉE

Nicolas, Nicolas.

PROFESSEUR NICOLAS

Renée, regarde, j'ai mon nez.

RENÉE, SIMONE ET YVAN, *en chantant.*

Il a son nez!

Yvan, mal à l'aise mais content, se dirige vers le professeur pour lui serrer la main.

YVAN LE BARBIER

Il vous fait bien.

SIMONE, *serrant aussi la main du professeur.*

Toutes mes félicitations! Qu'il est beau!

Le professeur et Renée se regardent amoureusement. Simone et Yvan commencent à comprendre qu'ils sont de trop. Après un moment d'hésitation ils amorcent une sortie.

SIMONE ET YVAN LE BARBIER
Hum! Bonsoir, bonsoir.

Ils se dirigent vers la porte.

YVAN LE BARBIER
Bye.

Yvan et Simone sortent.

RENÉE
Je suis tellement heureuse.

PROFESSEUR NICOLAS
Mon nez est revenu.

RENÉE
Il est beau. Je pense que je l'aime.

PROFESSEUR NICOLAS
Merci.

RENÉE
Il vous fait bien.

PROFESSEUR NICOLAS
Merci. *(Il va chercher des fleurs, qu'il lui tend.)* Tenez!

Ils sentent les fleurs ensemble.

PROFESSEUR NICOLAS
Ça fait du bien de respirer.

Renée et le professeur se mettent à chanter tout en valsant.

RENÉE ET LE PROFESSEUR NICOLAS
Ensemble comme nous allons être heureux
Ensemble pour la vie nous serons deux
Ensemble comme nous allons être heureux
Ensemble et c'est tant mieux.

Renée et le professeur sortent en dansant.

SCÈNE 14
DANS LA RUE

Yvan entre, suivi de quelques pas par Simone.

YVAN LE BARBIER

Je te l'avais dit que je n'avais pas volé son nez!

SIMONE

Je te l'avais dit qu'il fallait que tu fasses des excuses au professeur.

YVAN LE BARBIER

Mais je n'avais pas d'excuses à lui faire, je n'ai pas volé son nez.

SIMONE

Yvan, le nez, comment est-il entré dans la brioche, hein, comment?

YVAN LE BARBIER

Je ne le sais pas, elles sentent tellement bonnes, les brioches, que le nez y est allé tout seul!

SIMONE

Ne me raconte pas d'histoire, Yvan!

Quoi, tu ne me crois pas? Simone, Simone, Simone tu ne m'aimes plus, Simone tu ne m'aimes plus.

Il sort.

SCÈNE 15
DANS LA CUISINE CHEZ LE BARBIER YVAN

Simone chantonne pendant qu'elle prépare une petite ponce à Yvan. Elle ne semble pas de bonne humeur. Yvan entre en ricanant et prend une petite voix maladive.

YVAN LE BARBIER
Ah! que je suis malade. Ah! que je fais pitié.

SIMONE, *s'attendrissant.*
Oh! *(Elle se dirige doucement vers Yvan et lui tend le verre.)* Bois-le au complet, là!

Yvan sourit et il boit goulûment.

SIMONE, *l'interrompant vivement.*
Doucement, mon petit mari, ce n'est pas du jus ça, c'est un remède.

YVAN LE BARBIER
Ah!

Il finit de boire avec précaution.

SIMONE
Tu te sens mieux?

YVAN LE BARBIER

Oui.

SIMONE

Mon petit mari, tu es tellement gentil, tu devrais penser à toi un peu plus souvent.

Yvan bâille.

SIMONE

Tu es fatigué, va te coucher! Je vais aller te rejoindre tout à l'heure.

YVAN LE BARBIER

O.K. *(Yvan ricane de nouveau, d'un œil malin.)* Simone...

SIMONE

Quoi?

YVAN LE BARBIER

Ton nez...

SIMONE

Quoi mon nez?

YVAN LE BARBIER

Mais tu n'as plus de nez.

Simone s'affole, elle crie jusqu'à ce qu'elle constate qu'elle a son nez. Elle rit.

SIMONE

Malcommode!

Simone et Yvan rient, et se frottent nez à nez.

YVAN LE BARBIER
À tantôt mon p'tit moineau!

SIMONE
À tout de suite mon gros loup!

Yvan s'éloigne de quelques pas, se retourne, envoie un baiser à Simone. Simone sourit, enlève son tablier et se dirige vers Yvan. Elle l'embrasse et ils sortent en riant.

FIN

Robert Bellefeuille

PETITE HISTOIRE DE POUX

Petite Histoire de poux a été créée le 3 octobre 1988 au studio du Centre national des Arts à Ottawa. Le spectacle a ensuite effectué trois tournées ontariennes. En hiver 1990 le spectacle a été présenté à la Maison Théâtre à Montréal.

Texte et mise en scène	— Robert Bellefeuille
Chansons	— Mireille Francœur et Robert Bellefeuille
Scénographie	— Luce Pelletier
Musique	— Louise Beaudoin
Éclairage	— Serge Péladeau
Régie	— Diane Fortin

1ᵉ distribution :
Sylvie Dufour, Guylaine Guérin, Pascal Gruselle, Nathalie Hamel-Roy, Benoît Osborne.

2ᵉ distribution :
Robert Bellefeuille, Ginette Chevalier, Guylaine Guérin, Nathalie Hamel-Roy, Benoît Osborne.

Personnages par ordre d'entrée :
Sœur Antoinette, le directeur Jean-Charles Latulipe, les trois enfants, Mademoiselle Rita Rouleau, Général Polacco, Général Octave, Général Clarence, Madame la Poustifiasse, Caporal Julien, Olivier, Monsieur le Barbier, Élisabeth.

SCÈNE 1
ÉCOLE DE L'ÉTERNEL-SECOURS

Sœur Antoinette arrive en courant avec un porte-voix et va frapper chez le directeur.

SŒUR ANTOINETTE

Monsieur le directeur, Monsieur le directeur, c'est épouvantable Monsieur le directeur!

DIRECTEUR JEAN-CHARLES LATULIPE

Sœur Antoinette, qu'est-ce qui se passe?

SŒUR ANTOINETTE

Monsieur le directeur, trois de mes élèves ont des poux!

DIRECTEUR JEAN-CHARLES LATULIPE

Des quoi?

SŒUR ANTOINETTE

Des poux!

DIRECTEUR JEAN-CHARLES LATULIPE

Des poux?

SŒUR ANTOINETTE

Oui Monsieur le directeur, des poux!

DIRECTEUR JEAN-CHARLES LATULIPE
Ce n'est pas possible! Pas ici! Pas dans mon école!

SŒUR ANTOINETTE
L'école Sainte-Croix a été envahie hier.

DIRECTEUR JEAN-CHARLES LATULIPE
Pas l'école Sainte-Croix?

SŒUR ANTOINETTE
Oui, Monsieur le directeur, de la première à la sixième année.

DIRECTEUR JEAN-CHARLES LATULIPE
Miséricorde!

SŒUR ANTOINETTE
Je suis certaine que nos élèves ont attrapé ça à l'école Sainte-Croix hier.

DIRECTEUR JEAN-CHARLES LATULIPE
Comment?

SŒUR ANTOINETTE
Pendant la partie de ballon volant. On a gagné 15 à 13, de justesse d'ailleurs. Il restait une minute de jeu et c'est l'école Sainte-Croix qui avait le ballon. Le petit Poulin a frappé le ballon, notre petit Éric le refrappe et, à un certain moment, les deux ont voulu frapper le ballon en même temps et bang, ils se sont assommés. Je suis certaine que c'est à ce moment-là que les poux du petit Poulin ont r'volé dans la tête d'Éric, parce que ce matin, Éric est arrivé avec des poux.

DIRECTEUR JEAN-CHARLES LATULIPE
Miséricorde! Annulez tous les matchs de vollon baller, de violon ballon, de ballet volon, de valet, voyons...

SŒUR ANTOINETTE
De ballon volant!

DIRECTEUR JEAN-CHARLES LATULIPE
Merci! Je ne veux plus que nos élèves affrontent les élèves de l'école Sainte-Croix tant qu'on n'aura pas réglé cette petite histoire de poux.

SŒUR ANTOINETTE
Oui, Monsieur le directeur.

DIRECTEUR JEAN-CHARLES LATULIPE
Je vais demander à Mademoiselle Rouleau de passer tous les élèves à l'aspourateur.

SŒUR ANTOINETTE
Pas l'aspourateur!

DIRECTEUR JEAN-CHARLES LATULIPE
Oui, ma Sœur!

SŒUR ANTOINETTE
Je propose qu'en plus, on passe tous les élèves au peigne fin.

DIRECTEUR JEAN-CHARLES LATULIPE
Très bien Sœur Antoinette.

SŒUR ANTOINETTE
Je dirais même tous les professeurs.

DIRECTEUR JEAN-CHARLES LATULIPE
Très bien Sœur Antoinette. Je veux que tous les élèves et tous les professeurs se lavent la tête avec du shampooing anti-poux.

Sœur Antoinette

Très bien, Monsieur le directeur. Je propose même qu'on achète un surplus de produits anti-poux : de la crème anti-poux, du tonique anti-poux, de la poudre anti-poux, du dentifrice anti-poux, de la lotion anti-poux, du parfum anti-poux, du désodorisant anti-poux...

Directeur Jean-Charles Latulipe

Très bien, Sœur Antoinette, très très bien.

Sœur Antoinette

Que les élèves s'en mettent partout.

Directeur Jean-Charles Latulipe

Que tout le monde s'en mette partout. On ne passera pas l'année à se gratter.

Sœur Antoinette

C'est la première fois que des bebites se mettent les pattes ici.

Directeur Jean-Charles Latulipe

Je hais les poux.

Sœur Antoinette

Moi, je les déteste.

Directeur Jean-Charles Latulipe

Ils me rendent complètement fou!

(Chanson) **ROCK DU POU**

Directeur Jean-Charles Latulipe

        Ma Sœur, ma Sœur, qu'allons-nous faire
        Les poux, les poux, faut s'en défaire

SŒUR ANTOINETTE
>Les empêcher de se propager
>Dans notre école, dans le quartier

LES TROIS ENFANTS
>Nous on s'en fout
>D'avoir des poux, d'avoir des poux
>Ça pique un peu partout
>Mais y a pas de quoi en devenir fou

SŒUR ANTOINETTE
>Un pou ça se reproduit vite
>L'école sera pleine de bebites
>Moi qui aime la propreté
>Je serai la honte du quartier

DIRECTEUR JEAN-CHARLES LATULIPE
>L'épidémie s'est déclarée
>Faut un moyen pour l'enrayer

SŒUR ANTOINETTE
>Un petit tonique, plus de gymnastique
>Et les bebites s'en iront vite

LES TROIS ENFANTS
>Si vous avez des poux
>Et que vous êtes sens dessus dessous
>Ne leur faites pas la moue
>Mais plutôt dansez le frou-frou

TOUS
>Ayoye, ayoye, ça pique
>Plus ça va, plus c'est la panique
>Ayoye, ayoye, ça pique
>Les poux vont me rendre hystérique

Sœur Antoinette

> Je vais les tuer jusqu'au dernier
> Les écraser, les écrabouiller
> Personne ne pourra m'arrêter
> Et s'il le faut, je vais tous les manger

Tous

> Les poux, les poux, les poux

Sœur Antoinette

Pardon, Monsieur le directeur.

Directeur Jean-Charles Latulipe

Imaginez, ma Sœur : une école remplie de poux, notre école pleine de ces petits êtres, nos élèves, la tête pleine de ces petits monstres.

Sœur Antoinette

On enseignerait et on verrait plein de poux qui nous regardent.

Directeur Jean-Charles Latulipe

Vous savez, ma Sœur, il faut faire très attention; ce sont des êtres très intelligents. Il faut les prendre par surprise, ne pas trop parler fort. Il y en a peut-être qui nous écoutent, ils se préparent peut-être à nous envahir, mais ça ne se passera pas comme ça! Moi, Jean-Charles Latulipe, directeur de l'école de l'Éternel-Secours, je déclare la guerre aux poux!

Sœur Antoinette

Je m'occupe d'acheter le surplus de produits anti-poux.

Directeur Jean-Charles Latulipe

Parfait... Attendez!

Sœur Antoinette

Quoi?

Directeur Jean-Charles Latulipe

Oubliez tout ça! Vous allez téléphoner à tous les barbiers, à tous les coiffeurs du village.

Sœur Antoinette

Pourquoi?

Directeur Jean-Charles Latulipe

Je veux qu'on rase tous les élèves, tous les professeurs.

Sœur Antoinette

Raser tous les élèves, tous les professeurs?

Directeur Jean-Charles Latulipe

Oui, ma Sœur, il ne faut pas perdre de temps. On ferme l'école pour le restant de l'après-midi et demain, on rase tout le monde et fini les poux!

Sœur Antoinette

Monsieur le directeur, je sais que ce n'est pas le temps de vous parler de ça, mais... c'est qu'il y a beaucoup de parents qui m'ont fait remarquer que depuis que mademoiselle Rita Rouleau travaille comme hygiéniste dans notre commission scolaire, il y a de plus en plus de poux.

Directeur Jean-Charles Latulipe

C'est une coïncidence!

Sœur Antoinette

Et est-ce que c'est une coïncidence si elle était à l'école Sainte-Croix hier et qu'elle a passé la journée à se gratter?

Directeur Jean-Charles Latulipe

Sœur Antoinette, s'il vous plaît!

Il entre dans son bureau. Sœur Antoinette s'adresse au public.

SŒUR ANTOINETTE
Je suis certaine que c'est l'aspourateur de Rita Rouleau qui donne des poux aux élèves plutôt que de les enlever!

DIRECTEUR JEAN-CHARLES LATULIPE, *au micro de l'interphone.*
Attention! Attention! Chers élèves, nous avons un petit problème qui demande une attention spéciale. Il paraîtrait que nous avons des visiteurs, et pour être plus précis, certains de nos élèves ont des poux. S'il vous plaît, ne paniquez pas. Nous allons régler ce petit problème demain. Donc, on vous demande de rentrer chez vous pour le restant de la journée et, si jamais vous rencontrez des élèves de l'école Sainte-Croix, voici la procédure à suivre: premièrement, soyez gentils; deuxièmement, ne leur parlez pas; troisièmement, sauvez-vous. *(Sortant de son bureau.)* Tout est sous contrôle. Vous pouvez retourner dans votre classe, Sœur Antoinette.

SŒUR ANTOINETTE
Très bien. Je vous envoie mes trois élèves qui ont des poux.

DIRECTEUR JEAN-CHARLES LATULIPE
Non! Je ne veux pas les voir!

SŒUR ANTOINETTE
Mais pourquoi?

DIRECTEUR JEAN-CHARLES LATULIPE
Parce que... j'ai peur.

SŒUR ANTOINETTE
Des poux?

DIRECTEUR JEAN-CHARLES LATULIPE

Oui.

SŒUR ANTOINETTE

Mais il n'y a pas à avoir peur, c'est seulement des petites bebites.

DIRECTEUR JEAN-CHARLES LATULIPE

Oui, mais j'ai peur des bebites. Je verrai vos élèves demain.

SŒUR ANTOINETTE

Très bien, Monsieur le directeur.

DIRECTEUR JEAN-CHARLES LATULIPE

Sœur Antoinette...

SŒUR ANTOINETTE

Quoi?

DIRECTEUR JEAN-CHARLES LATULIPE

À propos des bebites, vous n'en parlez pas?

SŒUR ANTOINETTE

Pas un mot.

SCÈNE 2
UN CORRIDOR DE L'ÉCOLE DE L'ÉTERNEL-SECOURS

Mademoiselle Rita Rouleau entre.

DIRECTEUR JEAN-CHARLES LATULIPE
Rita!

SŒUR ANTOINETTE
Mademoiselle Rouleau!

DIRECTEUR JEAN-CHARLES LATULIPE
Mademoiselle Rita... *(Se reprenant.)* Mademoiselle Rouleau,
on a des poux!

MADEMOISELLE RITA ROULEAU
Ici?

SŒUR ANTOINETTE
Oui, ici.

MADEMOISELLE RITA ROULEAU
Impossible!

SŒUR ANTOINETTE
Impossible? Onze de nos écoles sont déjà pleines de poux.

DIRECTEUR JEAN-CHARLES LATULIPE
Et aujourd'hui, il y a des poux dans mon école.

MADEMOISELLE RITA ROULEAU, *s'adressant au public.*
La Poustifiasse m'a trahie! *(S'adressant au directeur.)* Mais
ça ne se peut pas qu'il y ait des poux dans TON école.

DIRECTEUR JEAN-CHARLES LATULIPE
C'est à cause d'un stupide accident de ballon volant.

SŒUR ANTOINETTE
Pardon?

MADEMOISELLE RITA ROULEAU
Qui a des poux?

SŒUR ANTOINETTE
Vous ne le savez pas?

MADEMOISELLE RITA ROULEAU
Non!

SŒUR ANTOINETTE
Éric, Hélène, David...

DIRECTEUR JEAN-CHARLES LATULIPE
Éric?

SŒUR ANTOINETTE
Je vous l'ai dit tantôt.

DIRECTEUR JEAN-CHARLES LATULIPE
Celui qui est toujours avec Élisabeth?

SŒUR ANTOINETTE
Élisabeth! Mon Dieu, c'est vrai!

MADEMOISELLE RITA ROULEAU
Celle avec les gros cheveux?

DIRECTEUR JEAN-CHARLES LATULIPE
Il ne faut plus qu'Éric s'approche d'Élisabeth!

SŒUR ANTOINETTE
Si jamais Élisabeth avait des poux, elle en aurait des milliers et des milliers et des milliers!

MADEMOISELLE RITA ROULEAU
Elle ne pourrait jamais s'en débarrasser.

DIRECTEUR JEAN-CHARLES LATULIPE
Et mon école en serait pleine. Qu'est-ce que je vais faire?

MADEMOISELLE RITA ROULEAU
Jean-Charles!

DIRECTEUR JEAN-CHARLES LATULIPE
Mais qu'est-ce qu'on va faire?

MADEMOISELLE RITA ROULEAU
Calme-toi!

DIRECTEUR JEAN-CHARLES LATULIPE
Non, non, non, non!

MADEMOISELLE RITA ROULEAU
Jean-Charles, calme-toi!

SŒUR ANTOINETTE
Calmons-nous!

DIRECTEUR JEAN-CHARLES LATULIPE
Élisabeth sera la première à passer à l'aspourateur.

MADEMOISELLE RITA ROULEAU
À l'aspourateur?

DIRECTEUR JEAN-CHARLES LATULIPE
Oui ! Demain vous allez passer tous les élèves à l'aspourateur!

MADEMOISELLE RITA ROULEAU
Non!

DIRECTEUR JEAN-CHARLES LATULIPE
Pourquoi?

MADEMOISELLE RITA ROULEAU
Parce que... il est brisé!

SŒUR ANTOINETTE
Il est plein de poux! C'est un nid de poux. Je suis certaine
qu'il y a des milliers de poux là-dedans. C'est à cause de
vous et de votre aspourateur que nos élèves sont pleins de
poux. Vous êtes une pouilleuse!

MADEMOISELLE RITA ROULEAU, *s'évanouissant.*
Ahhh!

DIRECTEUR JEAN-CHARLES LATULIPE
Sœur Antoinette, s'il vous plaît! *(Aidant Mademoiselle Rita
Rouleau à se relever.)* Rita... J'aimerais vous voir dans mon
bureau deux secondes, Sœur Antoinette.

SŒUR ANTOINETTE
Oui, Monsieur le directeur.

Elle entre dans le bureau du directeur.

MADEMOISELLE RITA ROULEAU
Jean-Charles, laisse-moi t'expliquer.

DIRECTEUR JEAN-CHARLES LATULIPE
Tantôt, mon amour.

Il entre dans son bureau.

MADEMOISELLE RITA ROULEAU
Jean-Charles, c'est vrai, je suis une pouilleuse.

(Chanson) BLUES DE LA POUILLEUSE

Oui, je l'avoue, c'est moi qui place
Tous les petits poux de la Poustifiasse
Sur toutes les têtes, dans toutes les classes

Depuis un an, je me déplace
Dans les écoles, sans laisser de traces
Je suis une menace, je dois y faire face

Je ne peux pas continuer comme ça
À lui mentir
Comment lui dire?

Depuis le jour
Où je t'ai trahi
J'ai le cœur si lourd
Si lourd mon amour
Car tu ignores toujours
Que j'œuvre à contrecœur
Et que maintenant ma vie
N'est qu'un grand malheur

Je ne peux pas continuer comme ça
J'ai le cœur trop lourd, mon amour

Elle pleure, s'arrête, s'avance vers le public.

MADEMOISELLE RITA ROULEAU
Je vais détruire l'aspourateur!

Elle sort. La porte de la salle d'hygiène s'ouvre. On entend un bruit d'aspourateur. Un long tuyau rouge en sort et scrute le corridor. De l'intérieur du tuyau on entend:

GÉNÉRAL OCTAVE
Vous avez entendu, mon général? Rita Rouleau veut détruire l'aspourateur.

GÉNÉRAL POLACCO
C'est épouvantable!

GÉNÉRAL OCTAVE
Il faut l'arrêter. J'ai une idée.

Le tuyau s'immobilise et le bruit s'arrête au même moment où Sœur Antoinette sort du bureau du directeur.

SŒUR ANTOINETTE
Je vous demande pardon, Mademoiselle Rouleau.

DIRECTEUR JEAN-CHARLES LATULIPE
Rita?

Sœur Antoinette voit l'aspourateur et pousse un cri.

DIRECTEUR JEAN-CHARLES LATULIPE, *ramassant le tuyau de l'aspourateur.*
L'aspourateur plein de poux?

SŒUR ANTOINETTE
Monsieur le directeur, faites attention!

Elle se sauve.

DIRECTEUR JEAN-CHARLES LATULIPE, *s'adressant*
à l'intérieur du tuyau.

Hé les poux, m'entendez-vous? Demain on va vous exterminer. Je vais faire raser tous les élèves. La guerre aux poux est déclarée et les barbiers seront mes alliés.

Le bruit de l'aspourateur recommence alors qu'on entend :

GÉNÉRAL POLACCO

Général Octave, mettez l'aspourateur à succion maximale.

GÉNÉRAL OCTAVE

Oui, mon général. Aspourateur succion maximale.

Le directeur est aspiré par l'aspourateur. Rita revient avec un «Kit : tout pour détruire l'aspourateur». Elle aperçoit le tuyau de l'aspourateur dans lequel elle entrevoit la manche du manteau de Jean-Charles.

MADEMOISELLE RITA ROULEAU, *prenant le tuyau*
de l'aspourateur.

Ah non! Mon amour, Jean-Charles, je vais t'aider. *(Elle écoute à l'intérieur du tuyau.)* Au secours, à l'aide, Jean-Charles à été aspiré par l'aspourateur!

L'aspourateur se remet en marche. Rita résiste à la succion mais elle est aspirée.

SCÈNE 3
SALLE DE CONTRÔLE DU DOMAINE ROYAL DE MADAME LA POUSTIFIASSE

On se retrouve dans le monde des poux, plus précisément dans la salle de contrôle du Domaine royal de madame la Poustifiasse. Sur un écran géant on voit Rita et Jean-Charles à l'intérieur du tuyau de l'aspourateur qui descendent lentement vers le monde des poux. Les généraux Octave et Polacco rient tout en regardant les deux prisonniers se faire aspirer vers eux.

GÉNÉRAL POLACCO
On les a eus! On les a eus!

GÉNÉRAL OCTAVE, *éteignant l'écran géant.*
Madame la Poustifiasse va être contente!

GÉNÉRAL POLACCO, *prenant son walkie-talkie.*
Je vais l'avertir. Madame la Poustifiasse, venez vite à la salle de contrôle, nous avons aspouré deux belles surprises. *(Il serre son walkie-talkie.)*

GÉNÉRAL OCTAVE
Ça va bien cette semaine.

GÉNÉRAL POLACCO
Ça fait onze écoles qu'on envahit.

GÉNÉRAL OCTAVE
La Commission scolaire catholique est pleine de poux.

GÉNÉRAL POLACCO
C'est la panique partout.

GÉNÉRAL OCTAVE
Tant mieux.

GÉNÉRAL POLACCO
Hier, quand on a envahi l'école Sainte-Croix, j'étais dans la tête de la directrice. Tout d'un coup, elle commence à se gratter. Elle court se regarder dans un miroir. Elle se sépare le toupet, elle s'avance lentement jusqu'au miroir et soudainement nous autres on se lève et on dit :

GÉNÉRAL OCTAVE ET GÉNÉRAL POLACCO
«Bonjour Madame la directrice.»

GÉNÉRAL POLACCO
On a eu du plaisir dans ses cheveux gris.

GÉNÉRAL OCTAVE
C'est bon des cheveux gris.

GÉNÉRAL POLACCO
C'est délicieux!

GÉNÉRAL OCTAVE
J'ai faim moi.

GÉNÉRAL POLACCO
Moi aussi.

GÉNÉRAL OCTAVE
Appelle Clarence et dis-lui qu'il vienne nous rejoindre.

GÉNÉRAL POLACCO

Bonne idée.

GÉNÉRAL OCTAVE

On va célébrer notre victoire.

GÉNÉRAL POLACCO, *reprenant son walkie-talkie.*

Allô Clarence, c'est Polacco. Je suis avec Octave dans la salle de contrôle. Viens nous rejoindre mais arrête au dépounneur, on a faim.

GÉNÉRAL OCTAVE

Apporte deux bouteilles de champougne.

GÉNÉRAL POLACCO

Apporte deux bouteilles de champougne Moët et Frisette.

GÉNÉRAL OCTAVE

Un gros sac de pounottes.

GÉNÉRAL POLACCO

Un gros sac de pounottes.

GÉNÉRAL OCTAVE

Pas de sel.

GÉNÉRAL POLACCO

Pas de sel. Et apporte une grosse poutine pour madame la Poustifiasse; tu sais comment elle adore la poutine.

GÉNÉRAL OCTAVE

Et la pouésie! Dépêche!

GÉNÉRAL POLACCO

Dépêche!

Il sert son walkie-talkie et Clarence arrive avec l'épicerie.

GÉNÉRAL POLACCO
Eh bebite, tu n'as pas pris de temps!

GÉNÉRAL CLARENCE
J'ai fait ça vite en poudigne!

GÉNÉRAL OCTAVE
Mmmm, ça a l'air bon.

Clarence passe le champougne.

GÉNÉRAL CLARENCE
À nous, les poux!

GÉNÉRAL OCTAVE
Tu as fait une rime!

Ils rient.

GÉNÉRAL CLARENCE
La Poustifiasse!

GÉNÉRAL POLACCO
Madame la Poustifiasse!

Madame la Poustifiasse entre.

LES GÉNÉRAUX CLARENCE, OCTAVE ET POLLACO
Bonjour Madame la Poustifiasse.

MADAME LA POUSTIFIASSE
Bonjour mes généraux.

84

GÉNÉRAL CLARENCE
Un peu de champougne, Madame la Poustifiasse?

MADAME LA POUSTIFIASSE
Certainement.

GÉNÉRAL OCTAVE
Un peu de poutine, Madame la Poustifiasse?

MADAME LA POUSTIFIASSE
Mais vous me gâtez trop.

GÉNÉRAL POLACCO
Madame la Poustifiasse, nous avons enfin aspouré les deux personnes qui nous empêchaient d'envahir l'école de l'Éternel-Secours : Jean-Charles Latulipe et Rita Rouleau.

MADAME LA POUSTIFIASSE
Rita?

GÉNÉRAL POLACCO
Oui, Rita.

MADAME LA POUSTIFIASSE
Mais c'est impossible, elle travaille pour moi.

GÉNÉRAL POLACCO
Oui, mais Rita nous a trahis.

MADAME LA POUSTIFIASSE
Comment?

GÉNÉRAL POLACCO
Elle voulait détruire l'aspourateur.

MADAME LA POUSTIFIASSE
Pourquoi?

GÉNÉRAL POLACCO
Parce qu'elle a un faible pour Jean-Charles Latulipe.

LES GÉNÉRAUX CLARENCE ET OCTAVE
Beurk!

MADAME LA POUSTIFIASSE
Je n'aurais jamais dû lui faire confiance. Désormais, nous n'utiliserons plus ses services.

LES GÉNÉRAUX CLARENCE, OCTAVE ET POLLACO
Tant mieux!

MADAME LA POUSTIFIASSE
Bravo, mes généraux, vous avez bien travaillé! Hip, hip, hip!

LES GÉNÉRAUX CLARENCE, OCTAVE ET POLLACO
Pou!

MADAME LA POUSTIFIASSE
Hip, hip, hip!

LES GÉNÉRAUX CLARENCE, OCTAVE ET POLLACO
Pou!

MADAME LA POUSTIFIASSE
Hip, hip, hip!

LES GÉNÉRAUX CLARENCE, OCTAVE ET POLLACO
Pourri!

MADAME LA POUSTIFIASSE
Pou un jour!

LES GÉNÉRAUX CLARENCE, OCTAVE ET POLLACO
Pou toujours!

CHANSON DES POUX

Nous sommes les poux
Oui les poux c'est nous, c'est nous
Nous sommes les poux
Et nous vivons partout
Des poux y'en a beaucoup
Y'en a pour tous les goûts
Y'a un pou chez vous
Car chez vous c'est chez nous, chez nous

MADAME LA POUSTIFIASSE
Mes généraux, demain nous envahirons enfin l'école de l'Éternel-Secours.

LES GÉNÉRAUX CLARENCE, OCTAVE ET POLLACO
Oui!

MADAME LA POUSTIFIASSE
Pensez-y, trois cent cinquante petites têtes bouclées!

LES GÉNÉRAUX CLARENCE, OCTAVE ET POLLACO
Mmm.

MADAME LA POUSTIFIASSE
Frisées!

LES GÉNÉRAUX CLARENCE, OCTAVE ET POLLACO
Mmm.

MADAME LA POUSTIFIASSE
Ah, j'ai fait une rime... bouclée, frisée, j'adore la pouésie.

LES GÉNÉRAUX CLARENCE et OCTAVE
Bravo Madame la Poustifiasse.

MADAME LA POUSTIFIASSE
Mes généraux, je remplace le plan d'attaque aspourateur succion maximale par un nouveau plan.

GÉNÉRAL CLARENCE
Un nouveau plan d'attaque?

MADAME LA POUSTIFIASSE
Oui.

GÉNÉRAL CLARENCE
Lequel?

MADAME LA POUSTIFIASSE
Je vous le dirai tantôt.

GÉNÉRAL CLARENCE
Non, je veux le savoir tout de suite.

MADAME LA POUSTIFIASSE
J'ai dit tantôt. Je vous rejoins dans la salle de réunion.

GÉNÉRAL POLACCO
Oui, Madame la Poustifiasse.

Ils sortent.

MADAME LA POUSTIFIASSE
Pauvre Jean-Charles, pauvre Rita. Vous pensiez m'arrêter mais je vous ai déjoués et demain j'aurai la tête de tous vos élèves. Ah! j'adore les cheveux.

CHANSON D'ESMÉRALDINE

Un cheveu c'est tout ce que je veux
Des cheveux, il n'y a rien de mieux
Un cheveu pour moi, juste pour moi, rien qu'à moi
Des cheveux, c'est merveilleux

Si vous saviez
Le plaisir que j'ai
À me laisser glisser
Sur un cheveu frisé
Dormir le soir
Sur un petit cheveu noir
Glisser jusqu'au matin
Dans des cheveux, on est si bien

Un cheveu pour moi, juste pour moi, rien qu'à moi
Des cheveux, c'est merveilleux

Pouvoir me cacher
Dans une couette tressée
Me rouler, me glisser, me tortiller
Dans des cheveux fraîchement lavés
Pour moi, il n'y a rien de mieux

Tout ce que je veux c'est vos cheveux
Des cheveux, c'est merveilleux
Des cheveux, même poussiéreux
Tout ce que je veux c'est vos cheveux

Elle s'avance vers le public.

MADAME LA POUSTIFIASSE
Maintenant, je vais m'occuper de mes chers prisonniers.

SCÈNE 4
DANS LA PRISON ROYALE

DIRECTEUR JEAN-CHARLES LATULIPE
Au secours, au secours, laissez-nous sortir d'ici!

MADEMOISELLE RITA ROULEAU
Jean-Charles, pardonne-moi.

CAPORAL JULIEN
Silence!

DIRECTEUR JEAN-CHARLES LATULIPE
Monsieur, venez ici. Je suis Jean-Charles Latulipe, directeur de l'école de l'Éternel-Secours et je vous ordonne de nous laisser sortir d'ici.

CAPORAL JULIEN
Silence, j'ai dit.

DIRECTEUR JEAN-CHARLES LATULIPE
Je veux savoir où nous sommes, je veux savoir ce qui se passe, je veux savoir!

MADEMOISELLE RITA ROULEAU
C'est à cause de moi que la Poustifiasse nous a aspouré.

DIRECTEUR JEAN-CHARLES LATULIPE
La qui?

MADEMOISELLE RITA ROULEAU
La Poustifiasse. Son armée de poux.

DIRECTEUR JEAN-CHARLES LATULIPE
Son armée de poux?

CAPORAL JULIEN
Silence!

Madame la Poustifiasse entre.

CAPORAL JULIEN
Bonjour Madame la Poustifiasse.

MADAME LA POUSTIFIASSE
Bonjour Caporal Julien.

MADEMOISELLE RITA ROULEAU
Esméraldine...

MADAME LA POUSTIFIASSE
Bienvenue dans mon aspourateur! Faites sortir les prisonniers.

CAPORAL JULIEN
Oui, Madame la Poustifiasse.

Les prisonniers sortent.

MADAME LA POUSTIFIASSE
Rita, tu m'as trahie.

MADEMOISELLE RITA ROULEAU

C'est toi qui m'a trahie. Tu m'as promis que si je mettais des poux dans toutes les autres écoles...

DIRECTEUR JEAN-CHARLES LATULIPE

Sœur Antoinette avait raison!

MADEMOISELLE RITA ROULEAU

...tu n'attaquerais jamais l'école de l'Éternel-Secours.

MADAME LA POUSTIFIASSE

J'ai changé d'idée, je n'ai plus besoin de toi.

MADEMOISELLE RITA ROULEAU

Je n'aurais jamais dû te faire confiance.

MADAME LA POUSTIFIASSE

Moi non plus, tu voulais détruire mon aspourateur.

MADEMOISELLE RITA ROULEAU

Je n'aurais jamais dû accepter de travailler pour toi.

DIRECTEUR JEAN-CHARLES LATULIPE

Tu travaillais pour un pou?

MADAME LA POUSTIFIASSE

Oui, elle travaillait pour moi.

MADEMOISELLE RITA ROULEAU

C'était la seule façon de me débarrasser de mes poux.

DIRECTEUR JEAN-CHARLES LATULIPE

Tu avais des poux?

MADEMOISELLE RITA ROULEAU

J'avais la tête pleine de poux.

MADAME LA POUSTIFIASSE

Nous étions des milliers et des milliers installés dans ses cheveux, jusqu'au jour où j'ai inventé... l'aspourateur.

DIRECTEUR JEAN-CHARLES LATULIPE

C'est vous qui avez inventé ça?

MADAME LA POUSTIFIASSE

Oui, l'aspourateur n'enlève pas les poux, il les répand. Grâce à l'aspourateur, Rita nous plaçait de tête en tête dans les cheveux des élèves. Mais je n'ai plus besoin de l'aspourateur car j'ai un nouveau plan d'attaque et demain, à 8 h 55, j'envahis ton école, Jean-Charles.

MADEMOISELLE RITA ROULEAU

Je vais t'arrêter.

MADAME LA POUSTIFIASSE

Personne ne pourra m'arrêter. Caporal Julien, remettez les prisonniers dans leur cellule.

CAPORAL JULIEN

Oui Madame la Poustifiasse.

La Poustifiasse arrache un cheveu à Jean-Charles.

MADAME LA POUSTIFIASSE

Mmm, délicieux. Demain, j'aurai enfin les douze écoles de la Commission scolaire catholique et, après, j'aurai toutes les écoles de la province, du Canada, de l'Amérique! Je suis à un cheveu de conquérir le monde entier. Caporal Julien, je voudrais voir mon fils.

CAPORAL JULIEN

Tout de suite, Madame la Poustifiasse.

Julien ouvre la porte de la cellule. Olivier sort.

MADAME LA POUSTIFIASSE
Bonjour mon petit poussin, comment vas-tu?

OLIVIER
Mal.

MADAME LA POUSTIFIASSE
Tu donnes un baiser à ta mère?

OLIVIER
Non.

MADAME LA POUSTIFIASSE
Mon petit amour, sois raisonnable. Est-ce que tu te sens plus raisonnable aujourd'hui?

OLIVIER
Non.

MADAME LA POUSTIFIASSE
Mais essaye. Essaye pour ta mère qui t'aime tant, qui t'aime depuis que tu es un petit pou. Mon petit chéri, je t'ai toujours gâté; je t'ai gardé les têtes les plus intelligentes, les cheveux les plus doux. Pense à ton grand-père qui vivait dans la tête du président Kennedy, à ta grand-mère, dans les cheveux de la reine Élisabeth et à ton père, Dieu ait son âme, dans la tête d'Elvis Presley. Mon petit amour, est-ce que tu as bien réfléchi à ce que je t'ai demandé?

OLIVIER
Oui.

MADAME LA POUSTIFIASSE
Et?

OLIVIER

Non.

MADAME LA POUSTIFIASSE

Non?

OLIVIER

Non, non et non!

MADAME LA POUSTIFIASSE

Olivier, je suis ta mère et tu vas m'obéir. Tu vas oublier ces niaiseries-là, de vouloir aller vivre dans un tapis. Un tapis! Un pou ça vit dans une tête, ça se couche dans des cheveux et c'est tout.

OLIVIER

Je hais les cheveux.

MADAME LA POUSTIFIASSE

Tais-toi!

OLIVIER

Maman, je veux vivre dans des tapis. Des tapis de toutes les couleurs, de toutes les grandeurs, des tapis d'Orient, et mon rêve ce serait de vivre dans un tapis volant.

CAPORAL JULIEN

Un tapis volant?

MADAME LA POUSTIFIASSE

Un tapis volant?

OLIVIER

Oui maman, essaye de comprendre.

MADAME LA POUSTIFIASSE

Jamais! *(Elle pleure.)* Tu es la honte de la famille. *(Elle pleure.)* Fini! Assez de tragédie pour aujourd'hui. Oh, j'ai fait une rime, tragédie, aujourd'hui. J'adore la pouésie! Olivier, écoute-moi bien. Tu es un pou de sang royal, tu ne peux pas refuser d'envahir l'école de l'Éternel-Secours.

OLIVIER

Maman, je refuse d'envahir l'école de l'Éternel-Secours et je refuse d'envahir la tête des enfants.

MADEMOISELLE RITA ROULEAU

Bravo!

MADAME LA POUSTIFIASSE

Taisez-vous!

OLIVIER

Mais qui êtes-vous?

MADEMOISELLE RITA ROULEAU

Je suis Rita Rouleau.

MADAME LA POUSTIFIASSE

Taisez-vous! Ce sont mes prisonniers. Ils ont essayé de m'empêcher d'envahir l'école de l'Éternel-Secours et ils n'ont pas réussi.

MADEMOISELLE RITA ROULEAU

Je vais m'échapper et je vais t'arrêter, Esméraldine.

OLIVIER

Bravo!

MADAME LA POUSTIFIASSE

Tais-toi. Vous ne pourrez jamais vous échapper. Personne ne pourra s'échapper et personne ne pourra jamais m'arrêter.

Mademoiselle Rita Rouleau
Moi, je vais réussir.

Madame la Poustifiasse
Jamais.

Olivier
Nous allons t'arrêter, maman.

Madame la Poustifiasse
Jamais, j'ai dit. Vous allez passer le reste de votre vie dans l'aspourateur. *(Elle rit.)* Caporal Julien, enlevez cet étranger de devant moi et mettez-le avec ses amis.

Elle sort.

SCÈNE 5
DANS LA PRISON ROYALE

Julien ouvre la porte de la cellule. Olivier l'attrape par la queue.

OLIVIER
Pardon Julien. Vite, sortez!

Jean-Charles et Rita sortent. Olivier pousse Julien dans la cellule et referme la porte.

CAPORAL JULIEN
Olivier, Olivier, non, non, ta mère va être fâchée.

OLIVIER
Tant pis.

MADEMOISELLE RITA ROULEAU
Sortons d'ici!

DIRECTEUR JEAN-CHARLES LATULIPE
Mais comment?

MADEMOISELLE RITA ROULEAU
En remontant le tuyau de l'aspourateur.

OLIVIER

C'est impossible. L'entrée du tuyau est toujours barrée.

CAPORAL JULIEN

C'est Madame la Poustifiasse qui a la clef et elle la porte toujours autour de son cou... oops!

OLIVIER

La clef!

DIRECTEUR JEAN-CHARLES LATULIPE

La clef!

MADEMOISELLE RITA ROULEAU

La clef!

JEAN-CHARLES, OLIVIER ET RITA *chantent.*
Voler la clef de la Poustifiasse
Voilà ce qu'il faut faire
C'est la seule façon de se sauver
C'est la seule façon de l'arrêter
Mais comment faire pour la voler?

OLIVIER

Je l'ai, la pouésie, les rimes, les beaux mots, ma mère en est folle.

MADEMOISELLE RITA ROULEAU

Et c'est toi Jean-Charles qui va séduire la Poustifiasse en lui récitant de la pouésie.

DIRECTEUR JEAN-CHARLES LATULIPE

Moi? Jamais!

MADEMOISELLE RITA ROULEAU

Jean-Charles, il faut que tu le fasses sinon on va passer toute notre vie dans un aspourateur. S'il vous plaît, mon amour.

Elle l'embrasse.

DIRECTEUR JEAN-CHARLES LATULIPE

J'accepte.

MADEMOISELLE RITA ROULEAU

Bravo!

OLIVIER

Bravo Latulipe! Vite, il faut se dépêcher.

Il sort.

CAPORAL JULIEN

Bravo, Monsieur Jean-Charles!

DIRECTEUR JEAN-CHARLES LATULIPE

Mais il y a seulement un petit problème.

MADEMOISELLE RITA ROULEAU

Lequel?

DIRECTEUR JEAN-CHARLES LATULIPE

J'ai peur des bebites.

MADEMOISELLE RITA ROULEAU

Jean-Charles, n'aie pas peur. Je sais que tu es capable; sois brave. Pense à tes élèves, pense à ton école. *(Elle continue en chantant.)*

> À l'Éternel-Secours
> Un cœur plein d'amour
> Nous mène à la bravoure

DIRECTEUR JEAN-CHARLES LATULIPE ET
MADEMOISELLE RITA ROULEAU
Nous sommes les meilleurs.

Rita sort.

DIRECTEUR JEAN-CHARLES LATULIPE
Y'a rien qui nous fait peur
Nous sommes les plus forts
Nous aimons tous les sports
Gare à toi Esméraldine
Je t'aurai avec mes rimes

Il sort.

CAPORAL JULIEN
Bonne chance! Oh oh, Madame la Poustifiasse ne sera pas
contente.

SCÈNE 6
DANS LA SALLE DE RÉUNION B DU DOMAINE ROYAL

MADAME LA POUSTIFIASSE

Messieurs poux!

LES GÉNÉRAUX CLARENCE, OCTAVE ET POLLACO

Ri!

MADAME LA POUSTIFIASSE

Général Octave.

GÉNÉRAL OCTAVE

À vos ordres Madame la Poustifiasse!

MADAME LA POUSTIFIASSE

Général Polacco.

GÉNÉRAL POLACCO

À vos ordres Madame la Poustifiasse!

MADAME LA POUSTIFIASSE

Général Clarence.

GÉNÉRAL CLARENCE

À vos ordres Madame la Poustifiasse!

MADAME LA POUSTIFIASSE
Repos! J'ai tout planifié pour demain matin, avant que le soleil se lève.

GÉNÉRAL POLACCO
Il se lèvera à 6 h 42.

MADAME LA POUSTIFIASSE
Merci mon général.

GÉNÉRAL CLARENCE
Et il se couchera à 17 h 07.

MADAME LA POUSTIFIASSE
Merci!

GÉNÉRAL OCTAVE
Le vent soufflera d'est en ouest.

MADAME LA POUSTIFIASSE
Assez!

GÉNÉRAL POLACCO
Et l'humidité...

GÉNÉRAL CLARENCE
Laisse faire l'humidité!

GÉNÉRAL POLACCO
Mon Dieu, tu es bien énervé!

GÉNÉRAL CLARENCE
Oui je suis énervé! J'ai hâte de me garrocher dans des cheveux, de me rouler dans de grands cheveux blonds et de courir dans de petites couettes nattées.

MADAME LA POUSTIFIASSE

S'il vous plaît!

GÉNÉRAL CLARENCE

Pardon Madame la Poustifiasse.

MADAME LA POUSTIFIASSE

Je recommence! Demain matin, nous suivrons le nouveau plan d'attaque.

LES GÉNÉRAUX CLARENCE, OCTAVE ET POLLACO

Bravo!

MADAME LA POUSTIFIASSE

Alors, assurez-vous que toutes vos troupes soient prêtes, puisque l'heure du départ est 5 h 32. Nos soldats, qui sont présentement cachés dans la tête d'Éric, construiront un pont.

LES GÉNÉRAUX CLARENCE, OCTAVE ET POLLACO

Quoi?

MADAME LA POUSTIFIASSE

Pour passer de tête en tête.

GÉNÉRAL CLARENCE

Un pont?

MADAME LA POUSTIFIASSE

Oui un pont.

GÉNÉRAL POLACCO

Mais comment?

MADAME LA POUSTIFIASSE

C'est une nouvelle tactique militaire; les fourmis font ça. Elle s'accrochent les unes aux autres, ce qui facilite la traversée.

GÉNÉRAL CLARENCE

Un pont de poux!

GÉNÉRAL OCTAVE

Quelle belle invention!

MADAME LA POUSTIFIASSE

Et alors, à 8 h 55, pendant la prière, lorsque chaque classe sera tranquille et recueillie...

GÉNÉRAL CLARENCE

...en faisant le pont...

MADAME LA POUSTIFIASSE

...nous envahirons enfin l'école de l'Éternel-Secours. Pou un jour...

LES GÉNÉRAUX CLARENCE, OCTAVE ET POLLACO

...pou toujours! Bravo Madame la Poustifiasse!

MADAME LA POUSTIFIASSE

Merci. Alors, moi je m'occupe de la première et de la deuxième années.

GÉNÉRAL OCTAVE

Moi, c'est la cinquième et la sixième années.

GÉNÉRAL CLARENCE

Non, c'est moi.

GÉNÉRAL OCTAVE

Toi, c'était hier! Aujourd'hui c'est moi!

GÉNÉRAL CLARENCE

Non! Hier à l'école Sainte-Croix, j'avais la troisième et la quatrième années; j'ai toujours la troisième et la quatrième années, je suis tanné des bébés. J'aimerais ça avoir les plus vieux. En troisième année, ils n'ont même pas le droit de se mettre du gel! Je veux changer. Je change ou je n'y vais pas!

GÉNÉRAL OCTAVE

Vas-y, bébé!

GÉNÉRAL CLARENCE

Je ne suis pas bébé!

GÉNÉRAL OCTAVE

Oui tu es bébé!

GÉNÉRAL CLARENCE

Non! *(Il pleure.)*

MADAME LA POUSTIFIASSE

Messieurs Poux!

LES GÉNÉRAUX CLARENCE, OCTAVE ET POLLACO

Ri!

MADAME LA POUSTIFIASSE

Je recommence. Moi c'est la première et la deuxième années.

GÉNÉRAL OCTAVE

Moi c'est la troisième et la quatrième années.

GÉNÉRAL CLARENCE

Moi c'est la cinquième et la sixième années. Youpi!

GÉNÉRAL POLACCO

Et moi, c'est la septième année.

MADAME LA POUSTIFIASSE

Et la huitième.

GÉNÉRAL POLACCO

Ah, la huitième? Alors moi, c'est la huitième année.

MADAME LA POUSTIFIASSE

La septième ET la huitième.

GÉNÉRAL POLACCO

Décidez-vous! C'est la septième ou la huitième?

MADAME LA POUSTIFIASSE

C'est la septième ET la huitième.

GÉNÉRAL POLACCO

Les deux?

**MADAME LA POUSTIFIASSE, GÉNÉRAL CLARENCE
ET GÉNÉRAL OCTAVE**

Oui les deux!

GÉNÉRAL POLACCO

Parfait! Alors moi, c'est la septième et la huitième.

GÉNÉRAL CLARENCE

Tout ce qu'on veut...

TOUS

C'est des cheveux!

(Chanson) LE RAP DU POU

MADAME LA POUSTIFIASSE

Tout ce qu'on veut, c'est des cheveux
On ne peut pas trouver mieux
Il y en a des longs, des bouclés
Des gras, des secs et des frisés
On aime ça vivre chez vous
Glisser dans votre cou
Du matin jusqu'au soir
À la lumière ou dans le noir, on pique, on pique

TOUS

On pique
C'est le rap, c'est le rap, c'est le ra-a-ap
C'est le rap du pou, celui qui rend fou
Celui qui rend, qui rend, qui rend fou

MADAME LA POUSTIFIASSE

Aucune tête ne nous arrête
Pourvu qu'on y fasse la fête
Vous allez tous y passer
Rien ne peut nous arrêter de piquer, de piquer

TOUS

Surtout, n'ayez pas peur
Un pou, ça porte bonheur

MADAME LA POUSTIFIASSE

Alors soyez gentils
Offrez-nous à vos amis
Il faut qu'on soit partout
Pour ne pas faire de jaloux

TOUS

Allez, allez, suivez-nous
En dansant le rap du pou
En dansant, on pique
En dansant, on pique
En dansant le rap du pou

C'est le rap, c'est le ra-a-ap
C'est le rap, c'est le ra-a-ap
C'est le rap rap rap rap du pou
Pou-pou, pou-pou
Pou-pou qui rend fou

MADAME LA POUSTIFIASSE
Messieurs Poux!

LES GÉNÉRAUX CLARENCE, OCTAVE ET POLLACO
Ri!

MADAME LA POUSTIFIASSE
Mes généraux, il faut maintenant nous reposer, car demain est un grand jour.

LES GÉNÉRAUX CLARENCE, OCTAVE ET POLLACO
Oui Madame la Poustifiasse.

MADAME LA POUSTIFIASSE
Mes généraux, apportez-moi mon dodo. Ah, j'ai fait une rime! Généraux, dodo. Mon génie m'épuise!

Les généraux apportent le dodo royal de madame la Poustifiasse. Elle s'endort immédiatement et se met à ronfler, royalement.

SCÈNE 7
DANS LE BOUDOIR ROYAL

Le directeur entre et s'approche doucement de la Poustifiasse pour voler sa clé; elle se réveille.

MADAME LA POUSTIFIASSE
Ahhh!

DIRECTEUR JEAN-CHARLES LATULIPE
Ahhh!

MADAME LA POUSTIFIASSE
Latulipe! Qu'est-ce que tu fais ici?

DIRECTEUR JEAN-CHARLES LATULIPE
Je suis venu pour vous ma princesse pimpante aux prunelles pétillantes.

MADAME LA POUSTIFIASSE
Général Octave! Général Polacco! Général Clarence!

DIRECTEUR JEAN-CHARLES LATULIPE
Non, non! Je vous donne ma tête, je vous offre mes cheveux, tous deux faisons la fête, qu'attendons-nous pour être heureux?

MADAME LA POUSTIFIASSE
J'adore la pouésie.

DIRECTEUR JEAN-CHARLES LATULIPE
Ensemble on fera le tour du monde, Pékin, Pointe-Claire,
Paris! Le Portugal, le Pérou, la Polynésie!

MADAME LA POUSTIFIASSE
Jean-Charles, je faiblis.

DIRECTEUR JEAN-CHARLES LATULIPE
Tenez, prenez mon pouls, mon cœur ne bat que pour vous.
Pou-pou, pou-pou.

MADAME LA POUSTIFIASSE
C'est le plus beau pouls du monde.

DIRECTEUR JEAN-CHARLES LATULIPE
Pou-pou, pou-vous!

MADAME LA POUSTIFIASSE
Pou-pou, pou-moi?

DIRECTEUR JEAN-CHARLES LATULIPE
Pou-pou, pou-pou.

MADAME LA POUSTIFIASSE
Jean-Charles, j'adore quand tu poustillonnes.

DIRECTEUR JEAN-CHARLES LATULIPE
Je poustillonne pour vous ma petite pomme adorée.

MADAME LA POUSTIFIASSE
Ah!

DIRECTEUR JEAN-CHARLES LATULIPE
Mon petit plat préféré de poulet frit à la Kentucky.

MADAME LA POUSTIFIASSE
Ahh! Encore!

DIRECTEUR JEAN-CHARLES LATULIPE
Encore? *(En chantant.)* Ma poule! Ma poulette! Ma pouliche!

MADAME LA POUSTIFIASSE
Ah! que tu perles bien.

DIRECTEUR JEAN-CHARLES LATULIPE, *en chantant.*
Je perle perpétuellement porté par mon amour pour vous.

MADAME LA POUSTIFIASSE
Assez!

DIRECTEUR JEAN-CHARLES LATULIPE, *en chantant.*
 Non!
 Ma passion se passionne
 J'ai la patate qui patarasse
 Comme un pétard, pow!

 Patapoume, patapouf
 Patapouf et patati et patata, paw!

MADAME LA POUSTIFIASSE
Au secours! C'est trop!

DIRECTEUR JEAN-CHARLES LATULIPE
Esméraldine?

MADAME LA POUSTIFIASSE
Oui!

DIRECTEUR JEAN-CHARLES LATULIPE
Vous êtes la poubelle du monde!

MADAME LA POUSTIFIASSE
La quoi?

DIRECTEUR JEAN-CHARLES LATULIPE
La poubelle du monde!

MADAME LA POUSTIFIASSE
AH!

DIRECTEUR JEAN-CHARLES LATULIPE
Et j'ai juste une envie, c'est de vous papouiller! Guili-guili!

Il la chatouille, tout en essayant de prendre la clé.

MADAME LA POUSTIFIASSE
Non! Non!

DIRECTEUR JEAN-CHARLES LATULIPE, *attrapant la clé.*
Je l'ai!

MADAME LA POUSTIFIASSE
Ma clé!

DIRECTEUR JEAN-CHARLES LATULIPE
Ouuups! Je serai votre poupon et vous serez ma poupoune!

MADAME LA POUSTIFIASSE
Traître! Latulipe, donne-moi ma clé!

DIRECTEUR JEAN-CHARLES LATULIPE, *en riant.*
Olivier! Rita!

SCÈNE 8
DANS LE BOUDOIR ROYAL

Olivier et Rita arrivent, le directeur lance la clé à Olivier.

MADAME LA POUSTIFIASSE
Olivier? Rita?

OLIVIER
Bravo Latulipe! Vite, à l'aspourateur!

MADAME LA POUSTIFIASSE
Olivier, donne la clé à maman.

OLIVIER, *s'avançant vers sa mère.*
Pardonne-moi maman.

Il la pousse.

MADAME LA POUSTIFIASSE
Je te renie!

OLIVIER
Adieu maman et vive les tapis!

Il sort.

MADEMOISELLE RITA ROULEAU
Adieu Esméraldine, pas fine! Ah! j'ai fait une rime. J'adore
la pouésie!

Directeur Jean-Charles Latulipe
Vite, Rita, par là-bas!

Ils sortent.

SCÈNE 9
DANS LE BOUDOIR ROYAL

Julien arrive.

CAPORAL JULIEN

Madame la Poustifiasse!

MADAME LA POUSTIFIASSE

Relevez-moi.

CAPORAL JULIEN

Rita s'est sauvée.

MADAME LA POUSTIFIASSE

Je le sais, relevez-moi!

CAPORAL JULIEN

Et Olivier, lui aussi s'est sauvé.

MADAME LA POUSTIFIASSE

Je le sais!

CAPORAL JULIEN

Monsieur Latulipe aussi s'est sauvé.

MADAME LA POUSTIFIASSE
Je le sais. Voulez-vous bien me relever?

CAPORAL JULIEN
Pardon Madame la Poustifiasse.

MADAME LA POUSTIFIASSE
Relevez-moi immédiatement! Idiot! Imbécile!

Le général Polacco arrive et trébuche en emportant dans sa chute le Caporal Julien et Madame la Poustifiasse.

GÉNÉRAL POLACCO
Madame la Poustifiasse, j'ai vu Rita, j'ai vu Olivier, j'ai vu Latulipe. Ils couraient vers le tuyau de l'aspourateur.

Ils se relèvent tous.

MADAME LA POUSTIFIASSE
Ils ont ma clé, vite, allez me chercher la boîte de contrôle.

GÉNÉRAL POLACCO
Oui madame.

Il sort.

MADAME LA POUSTIFIASSE
Vous ne réussirez jamais à vous sauver.

Elle ouvre l'écran géant. On voit Rita, le directeur et Olivier qui remontent le tuyau de l'aspourateur. On entend...

OLIVIER
Dépêchez-vous!

MADEMOISELLE RITA ROULEAU
Jean-Charles, aide-moi!

Directeur Jean-Charles Latulipe
Prends ma main!

Le Général Polacco arrive avec la boîte de contrôle.

Général Polacco
Tenez, Madame la Poustifiasse!

Madame la Poustifiasse
Mettez l'aspourateur à succion maximale!

Général Polacco
Oui, Madame la Poustifiasse.

Madame la Poustifiasse
Encore plus!

Général Octave
Non, Madame la Poustifiasse, c'est dangereux!

Madame la Poustifiasse
Taisez-vous!

Général Polacco
Mais Madame, c'est dangereux!

Madame la Poustifiasse
Laissez-moi faire!

Elle prend la boîte de contrôle.

Général Octave et Général Polacco
Non!

Madame la Poustifiasse
Maxi, maximale! On va les avoir! Vite, fermez tout. On va les avoir!

GÉNÉRAL OCTAVE ET GÉNÉRAL POLACCO
On va les avoir!

MADAME LA POUSTIFIASSE
Je suis géniale!

GÉNÉRAL OCTAVE ET GÉNÉRAL POLACCO
Elle est géniale!

Explosion.

SCÈNE 10
UN CORRIDOR DE L'ÉCOLE DE L'ÉTERNEL-SECOURS

Jean-Charles et Rita sont propulsés hors de l'aspourateur et se retrouvent de nouveau à l'école de l'Éternel-Secours.

DIRECTEUR JEAN-CHARLES LATULIPE
On a réussi!

MADEMOISELLE RITA ROULEAU
L'aspourateur est détruit! Jean-Charles, pardonne-moi!

DIRECTEUR JEAN-CHARLES LATULIPE
Oui mon amour.

Ils s'embrassent.

MADEMOISELLE RITA ROULEAU
Je te promets que je vais épouiller toutes les écoles.

DIRECTEUR JEAN-CHARLES LATULIPE
Et fini les poux.

Ils s'embrassent de nouveau.

MADEMOISELLE RITA ROULEAU
Olivier...

Directeur Jean-Charles Latulipe
Olivier...

On entend faiblement la voix d'Olivier.

Olivier
Ici, ici, ici, ici, ici.

Rita et Jean-Charles regardent autour d'eux, en faisant attention où ils marchent. Jean-Charles se penche.

Mademoiselle Rita Rouleau
Ne bouge pas, Jean-Charles.

Jean-Charles fige. Rita lui sépare les cheveux et elle en retire Olivier.

Mademoiselle Rita Rouleau
Olivier, je suis tellement heureuse de te revoir. Je vais t'installer dans les plus beaux tapis.

Directeur Jean-Charles Latulipe
Et fini les cheveux. Sœur Antoinette! Elle va faire raser tous les élèves. Il faut que j'arrête Sœur Antoinette!

Il part.

Directeur Jean-Charles Latulipe
Installe Olivier dans mon tapis de bureau.

Rita disparaît dans le bureau de Jean-Charles.

SCÈNE 11
UN CORRIDOR DE L'ÉCOLE DE L'ÉTERNEL-SECOURS

Le barbier arrive, suivi de sœur Antoinette.

SŒUR ANTOINETTE
Monsieur le barbier, Monsieur le barbier, revenez ici! Monsieur le barbier! Revenez, Monsieur le barbier, il faut commencer à raser tous les élèves.

LE BARBIER
Je ne peux pas ma Sœur, je ne peux pas!

SŒUR ANTOINETTE
Mais il le faut, nous sommes infestés de poux!

LE BARBIER
Mais ma Sœur, je ne peux pas raser tous les élèves pour une simple histoire de poux.

SŒUR ANTOINETTE
Une simple histoire de poux? Mais c'est une épidémie de poux! L'école Sainte-Croix a été envahie hier. Les onze écoles de la commission scolaire sont pleines de poux. C'est une urgence!

ÉLISABETH

Ma mère ne veut pas que je me fasse raser la tête.

SŒUR ANTOINETTE

Mais moi non plus, Élisabeth.

LE BARBIER

Et moi non plus, ma petite fille.

ÉLISABETH

Alors pourquoi est-ce qu'on me rase?

SŒUR ANTOINETTE

Parce que Monsieur le directeur le veut!

ÉLISABETH

Oui mais il a peur des bebites lui!

SŒUR ANTOINETTE

Silence!

ÉLISABETH

Je ne veux pas me faire raser, bon!

Elle se sauve.

SŒUR ANTOINETTE

Élisabeth! *(Elle la rattrape.)* Monsieur le barbier! *(Elle l'arrête.)* Il faut commencer. Allez-y s'il vous plaît.

SCÈNE 12
UN CORRIDOR DE L'ÉCOLE DE L'ÉTERNEL-SECOURS

Le directeur arrive en courant.

DIRECTEUR JEAN-CHARLES LATULIPE
Arrêtez! Avez-vous commencé à raser les élèves?

SŒUR ANTOINETTE
Non, Monsieur le directeur.

DIRECTEUR JEAN-CHARLES LATULIPE
Personne n'a été rasé?

SŒUR ANTOINETTE
Non.

DIRECTEUR JEAN-CHARLES LATULIPE
Tant mieux! On ne rase personne aujourd'hui!

SŒUR ANTOINETTE
Ni demain?

DIRECTEUR JEAN-CHARLES LATULIPE
Ni demain, ni après-demain!

ÉLISABETH

Merci! Enfin je vais pouvoir dire que vous êtes le directeur le plus fin, même si vous avez peur des bebites!

SŒUR ANTOINETTE

Chut! Dans ta classe!

DIRECTEUR JEAN-CHARLES LATULIPE

Merci beaucoup Monsieur le barbier. Vous pouvez rentrer chez vous, je n'ai plus besoin de vous.

LE BARBIER

Merci Monsieur le directeur. Au revoir. Merci ma Sœur.

SŒUR ANTOINETTE

Au revoir.

Le barbier sort.

DIRECTEUR JEAN-CHARLES LATULIPE

Vouloir raser tous les élèves, c'était complètement ridicule; un pou ça pique un peu et c'est tout. Saviez-vous qu'il y a des poux qui préfèrent vivre dans des tapis?

SŒUR ANTOINETTE

Dans des tapis?

DIRECTEUR JEAN-CHARLES LATULIPE

Oui ma Sœur! J'en connais un, Olivier; sa mère, la Poustifiasse, je l'ai empêchée d'envahir notre école.

SŒUR ANTOINETTE

La qui? La quoi?

DIRECTEUR JEAN-CHARLES LATULIPE, *se rendant compte*
de ce qu'il vient de dire.
La Poustifiasse, c'est un mot russe. Poustifiasse! Ça veut
dire épidémie de poux... Sœur Antoinette, vous allez passer
tous les élèves au peigne fin et aux produits anti-poux.

SŒUR ANTOINETTE
Ah oui! J'ai acheté de la crème anti-poux, du tonique anti-
poux, de la poudre anti-poux.

DIRECTEUR JEAN-CHARLES LATULIPE
Très bien Sœur Antoinette. Très très bien.

SŒUR ANTOINETTE
Et l'aspourateur?

DIRECTEUR JEAN-CHARLES LATULIPE
Mademoiselle Rouleau s'en est débarrassé.

SŒUR ANTOINETTE
Tant mieux.

Elle part, mais revient aussitôt. Elle frappe à la porte du
bureau du directeur et l'ouvre.

SŒUR ANTOINETTE
Monsieur le directeur...

On y aperçoit Jean-Charles et Rita qui s'embrassent.

SŒUR ANTOINETTE
Pardon.

Elle referme doucement la porte et se met à chanter.

SŒUR ANTOINETTE
Si jamais vous avez des poux
Ne paniquez pas et souvenez-vous
De cette petite histoire de poux

MADEMOISELLE RITA ROULEAU, LE DIRECTEUR JEAN-CHARLES
LATULIPE ET MONSIEUR LE BARBIER
À l'Éternel-Secours
À l'Éternel-Secours

MADEMOISELLE RITA ROULEAU
Oui le l'avoue, c'est moi qui place
Tous les petits poux de la Poustifiasse
Sur toutes les têtes
Dans toutes les classes

SŒUR ANTOINETTE ET LE DIRECTEUR JEAN-CHARLES LATULIPE
Un pou ça se reproduit vite
L'école sera pleine de bebites

MADAME LA POUSTIFIASSE
Tout ce que je veux c'est vos cheveux

TOUS
Tout ce qu'on veut c'est vos cheveux

C'est le rap
C'est le rap
C'est le rap-a-ap
C'est le rap du pou
Celui qui rend fou
Celui qui rend, qui rend
Qui rend fou

FIN

Achevé d'imprimer
en février 1992 sur les presses
des Ateliers Graphiques Marc Veilleux Inc.
Cap-Saint-Ignace, Qué.